Isabella Friedrich

Kleine Füße – große Wege

Wallfahrten und Besinnungswege mit Kindern und Erwachsenen

Lass uns Gehende bleiben.
Wir sind nicht ganz zu Hause auf dieser Welt.
Wenn wir pilgern, sind wir nicht allein.
Du gehst mit.
Du bist dabei.
Wir sind unterwegs mit Dir, Gott,
unterwegs durch Dunkel und Nässe,
unterwegs durch Nebel und Wolken,
unterwegs oft ohne Weg,
unterwegs nicht selten ohne Ziel.
Wir sind Gehende.
Wir sind Wanderer durch Raum und Zeit.
Wir sind noch nicht ganz angekommen.
So wandere mit uns, Gott,
und lehre uns das Gehen
und das Suchen
und das Finden.

Dorothee Sölle

Für Franziska und Veronika

Impressum

Preysingstraße. 97, 81667 München
E-Mail: info@katecheten-verein.de
Internet: www.katecheten-verein.de

Lektorat:	Dr. Tobias Weismantel
Cover:	Matthias Gast
Satz:	Ilse Martina Schmidberger
Coverfoto:	Mädchen beim Wandern, Foto: Birgit Seuffert Factum/Büro für visuelle Kommunikation Weitere Bildnachweise auf Seite 160.
ISBN:	978-3-88207-417-8 Zu dieser Arbeitshilfe gehört eine CD-ROM.

Wir danken der Diözese Würzburg für die freundliche Unterstützung.

Inhalt

Grußwort

Wallfahren ist ein ganzheitliches Geschehen – nicht nur im Sinn eines „Betens mit Leib und Seele", sondern auch weil diese Form des Unterwegsseins im Glauben alle Lebensalter umfasst. Von vielen Menschen weiß ich, dass sie bereits in jungen Jahren „auf den Geschmack" gekommen sind. Dies gilt sicher auch für die Autorin dieses Buches, die gewissermaßen mit der heimatlichen Wallfahrt aufgewachsen ist.

Von daher begrüße ich es sehr, dass Frau Isabella Friedrich nun mit ihrer Publikation eine eigene Hilfe für das Wallfahren mit Kindern und Familien zu Verfügung stellt. Denn es ist wichtig, dass gerade Kinder bei einer Wallfahrt nicht nur bei Erwachsenen „mitlaufen", sondern sich in ihrer eigenen Erlebniswelt vom Glauben her angesprochen fühlen.

Für mein Empfinden ist Frau Friedrich und ihrem Team dieser Brückenschlag vorzüglich gelungen, so dass diese Veröffentlichung einen äußerst wichtigen und wertvollen Beitrag zu einer zeitgemäßen Kinder- und Familienpastoral insgesamt darstellt.

Ich danke ihr und allen Mitwirkenden für den erfrischenden Reichtum an Glaubensimpulsen, der in den einzelnen Abschnitten spürbar ist und wünsche dem Buch eine gute Aufnahme und die entsprechende Verbreitung.

Würzburg, 8. Juli 2013
am Tag der Kilianiwallfahrt

Dr. Karl Hillenbrand
Generalvikar der Diözese Würzburg

Vorwort

Es ist die Freude und die Begeisterung unserer kleinsten Pilger, die uns Jahr für Jahr aufs Neue motiviert, uns mit Kindern und Familien auf den Weg der Pilgerschaft zu machen. Wir, das ist ein Team von Lehrerinnen, Erzieherinnen und kirchlichen Mitarbeitern aus dem Dekanat Hassberge in der Diözese Würzburg, das vor sechs Jahren die Idee hatte, Wallfahrten für Kinder und Familien zu gestalten. Unser erstes Ziel war die Wallfahrtskirche Maria Limbach.

Auch wenn sich jährlich zirka 100 Pilgergruppen zu Fuß oder mit dem Bus auf den Weg zu dieser Kirche, dem östlichsten Pilgerort unserer Diözese, aufmachen, leisteten wir mit dem Vorhaben, eine Wallfahrt gezielt für die Kleinsten anzubieten, Pionierarbeit. Es gab weder Erfahrungen noch Vorgängerkonzepte, auf die wir hätten zurückgreifen können. Unser Ziel war es, eine alte Tradition unseres Glaubens, die Wallfahrt, in „zeitgemäße Gewänder" zu hüllen. Wir wollten den Brauch des „Wallens" durch moderne religionspädagogische Methoden für die Menschen unserer Zeit, gerade aber für Kinder und Familien zugänglich machen. Die positive Resonanz auf unsere Wallfahrten und die Tatsache, dass heute viele Pfarrgemeinden, Kindergärten und Schulen in unserer Gegend die Ideen aufgegriffen haben, zeigt uns, dass wir mit unserem Angebot auf dem richtigen Weg waren und sind. Immer wieder ziehen Kindergruppen, Familienkreise oder Schulklassen singend in die Wallfahrtskirche ein und setzen damit ein Zeichen gelebten Glaubens in unserer heutigen Zeit.

Mit diesem Buch möchten wir unsere Erfahrung weitergeben. Wir möchten den Leserinnen und Lesern einen Leitfaden und Modelle zur Vorbereitung und Durchführung von Kinder- und Familienwallfahrten an die Hand geben. Die aufgeführten Konzepte sind direkt umsetzbar. Darüber hinaus beinhaltet dieses Buch weitere Vorschläge für Besinnungs- und Kreuzwege in freier Natur. Wir hoffen, mit dieser Arbeitshilfe die Lust zu wecken, sich im Glauben auf den Weg zu machen. Unsere Erfahrung zeigt, dass (Pilger)Wege wirklich lohnende Wege sind.

Mein Dank gilt den Kolleginnen und Kollegen der Grundschule in Eltmann sowie den Erzieherinnen der Kindertageseinrichtungen im Stadtgebiet von Eltmann. Ferner möchte ich all den ehrenamtlichen Mitarbeiterinnen und Mitarbeitern danken, die sich mit mir in unseren Pfarrgemeinden für eine kinder- und familienfreundliche Pastoral einsetzen. Ein herzliches Dankeschön gilt auch Herrn Dr. Erhard Schraudolph für seine kritische Durchsicht des Manuskripts. Mein ganz besonderer Dank gilt Herrn Dr. Tobias Weismantel, der als Lektor das Manuskript zuverlässig und fachkundig bearbeitet hat, sowie dem Deutschen Katecheten-Verein (dkv), der mein Buch in sein Programm aufgenommen und mir als junger Autorin damit eine große Chance gegeben hat. Nicht zuletzt aber danke ich unserem Wallfahrtsseelsorger und „Pfarrer im Unruhestand“, Herrn Ottmar Pottler. Durch seine tatkräftige Mitarbeit zeigt er uns immer wieder, dass für ihn die Kinder- und Familienwallfahrten wirklich die „schönsten Erlebnisse im ganzen Wallfahrtsjahr“ sind.

Würzburg, im August 2013
Isabella Friedrich

Erste Schritte: Die Vorbereitung einer Familienwallfahrt

Vorüberlegungen: Vom Sinn des Pilgerns

In seinem Wort zum Wallfahrtsjahr 2011 stellt Josef Treutlein, Pilgerseelsorger in der Diözese Würzburg, fest: „Das Pilgern ist zu einer Strömung, zu einem Mainstream geworden. Niemand hat das geplant oder organisiert. Es liegt einfach in der Luft. (...) Wenn ich recht sehe, ist das Pilgern zurzeit das einzige Wachstumsfeld des christlichen Glaubens in Europa, quer durch alle Konfessionen und weit über kirchenverbundene Kreise hinaus."[1] Woher kommt diese Entwicklung?

Die Antwort ist vielschichtig. Neben der religiösen Motivation der Pilger tragen sicherlich auch gesellschaftliche Umstände dazu bei, dass das Pilgern in den letzten Jahren den besagten Aufschwung nehmen konnte. Einen ersten Grund könnte man in der generellen Sehnsucht des Menschen nach Bewegung sehen. Der viel zitierten Mobilität unserer Gesellschaft steht ein Mangel an Bewegung in unserem Alltag gegenüber. Die Wege, die wir mit unseren eigenen Füßen zurücklegen, werden immer kürzer. Damit drängen wir eine wichtige Komponente des Menschseins in den Hintergrund: die Möglichkeit, uns aus eigener Kraft fortzubewegen. Die Bewegung gehört wesentlich zum Menschen. Wenn wir unsere eigene Lebendigkeit spüren, erfüllt uns das mit Freude. Wir bleiben körperlich und seelisch gesund.[2] Viele Zeitgenossen haben dies erkannt. Wo wir auch hingehen, überall begegnen uns Menschen, jüngere und ältere, die mit Walkingstöcken oder in Joggingschuhen unterwegs sind. Auch wenn wir wallfahren, sind wir in Bewegung und folgen unserem natürlichen Bewegungsdrang, der uns ganzheitlich gut tut.

In diesem Zusammenhang hat auch das Wandern in den letzten Jahren einen Aufschwung erfahren. Sichtbar ist dies nicht zuletzt an den vielen Wanderwegen, die Jahr

1 Treutlein, Josef, Grußwort zum Wallfahrtsjahr 2011 auf www.wallfahrtsservice.de/bwo/dcms/sites/bistum/glauben/wallfahrtsportal/wallfahrtsservice/grusswort.html (Stand 22.01.2011).

2 Vgl. Rosenberger, Michael, Wege, die bewegen. Eine kleine Theologie der Wallfahrt, Würzburg ²2008, S. 57.

für Jahr neu ausgewiesen werden. Wanderurlaube sind zu einer eigenen Sparte in der Touristikbranche geworden. „Nur wo Du zu Fuß warst, warst Du wirklich", so ein typischer Werbeslogan. Viele Menschen wollen dabei nicht nur ihrer Gesundheit etwas Gutes tun, sondern sind zudem fasziniert von der Erfahrung des Auf-dem-Weg-Seins, die ihnen das Wandern vermittelt. Sie sehen darin ein Sinnbild für ihr Leben. Das Leben wird verstanden als Weg, der Schritt für Schritt zu gehen ist und der den Wanderer des Lebens vor leichte, aber auch vor beschwerliche Aufgaben stellt.[3] Auf diese Weise sinnen die Menschen im Wandern über ihr Leben nach; die Bewegung erhält so eine zweite, eine spirituelle Komponente.

Im Brauch des Pilgerns oder der Wallfahrt[4] finden beide Bedürfnisse, der Drang nach Bewegung und der Wunsch nach – gemeinschaftlicher oder individueller – spiritueller Erfahrung, ihre religiöse Entsprechung. Als Unterwegssein mit religiöser Intention, gehören das Pilgern und das Wallfahren auch zu den ältesten christlichen Bräuchen.[5] Seit jeher machten sich Christen aus unterschiedlichsten Motivationen auf den Weg: bittend und dankend auf ein Ziel hin oder auch ohne Ziel, um in ihrem Leben die Lebensform und Pilgerpraxis Jesu nachzuahmen, der mit seinen Jüngern betend und predigend durchs Land zog. Das II. Vatikanische Konzil greift das Motiv der Pilgerschaft schließlich in der Weise auf, dass es von der Kirche als dem pilgernden Gottesvolk spricht.[6] So wird das Unterwegssein ein Konstitutivum des Christlichen, das auch in der Pastoral und im Leben der Kirche ihren Ausdruck findet – sinnenhaft in der Tradition des Wallfahrens.[7]

---

3 Vgl. Grün, Anselm, Auf dem Wege, Münsterschwarzach 2008, S. 7.

4 Die Begriffe ‚Wallfahren' und ‚Pilgern' werden aufgrund ihrer Herkunft aus dem Lateinischen – beides sind Übersetzungen des Wortes ‚peregrinari' – im allgemeinen Sprachgebrauch oftmals bedeutungsgleich verwendet (vgl. http://www.wallfahrtsservice.de/bwo/dcms/sites/bistum/glauben/wallfahrtsportal/wallfahrtsservice/nachgefragt/faq_juli_august09.html). Dennoch sind bei genauerer Betrachtung der Pilger- und Wallfahrtstraditionen Unterschiede festzustellen. So wird der Unterschied – in Rückgriff auf Lk 9,58 und die Pilgertradition der Mönche in Antike und Mittelalter – u.a. darin gesehen, dass beim Pilgern, im Gegensatz zur Wallfahrt, das Reiseziel nicht automatisch von vorneherein feststeht. Vielmehr wird der Weg als Ziel des Pilgers angesehen. Bei der Wallfahrt hingegen wird die Ankunft am Ort als maßgeblich betrachtet. Gemeinsam hingegen ist beiden Traditionen das Motiv des Unterwegsseins. Eine ausführlichere Erläuterung der Unterschiede findet sich auch unter: www.kath-kirche-kärnten.at/themen/detail/C2428/ber_das_pilgern_und_wallfahren/ (Stand 20.06.2013).

5 Allerdings sind sowohl das Pilgern als auch das Wallfahren keine Erfindungen des Christentums. Auch andere Religionen kennen diese Traditionen und praktizieren diese als ein Teil gelebten Glaubens.

6 zum Beispiel LG 6,9 et. al.

7 Das konkrete Anliegen einer Wallfahrt, zum Beispiel der Dank für die Befreiung von einem Leiden, die Rettung aus einer Notsituation des Heimatortes oder die Bitte um Erhörung der Gebets, liegt häufig Jahrhunderte zurück und wurde von Generation zu Generation weitergegeben. Oftmals hat die Wallfahrt noch heute einen festen Ort im Leben einer Pfarrgemeinde.

Blickt man auf das Gesagte, so lässt sich feststellen, dass

- das wachsende Bedürfnis des modernen Menschen, sich wieder aus eigener Kraft auf den Weg zu machen,
- seine spirituelle Sehnsucht,
- die christliche Tradition, die im Vorbild Jesu ihre Begründung findet und nicht zuletzt
- die durch das II. Vatikanische Konzil geprägte Ekklesiologie der Kirche als pilgerndem Gottesvolk,

Anlass und Auftrag sind, pastorale Angebote zu entwickeln, die das Motiv des Unterwegssein aufgreifen und Sehnsüchten Raum geben.

Eine gut gestaltete Wallfahrt verbindet vieles, was Menschen heute suchen: Lebendigkeit, Gemeinschaft, körperliche und geistige Herausforderungen und die Möglichkeit des Gebetes in verschiedenster Form. Familien mit Kindern, Jugendliche, Singles und alte Menschen, kirchennahe oder distanzierte: Sie alle haben Platz in den Reihen einer Pilgergemeinschaft. Je nach Zielgruppe können Themen und Inhalte frei gestaltet werden, ohne an strenge liturgische Vorgaben gebunden zu sein.
Moderne Gebetsformen treffen auf traditionelles Brauchtum, junge Menschen gehen an alte Orte, kleine Füße gehen große Wege. Damit sind Wallfahrten, individuell und kreativ gestaltet, eine große Chance für eine zeitgemäße Pastoral.

Kleine Füße: Wer geht mit?

Sie haben sich entschlossen, eine Familienwallfahrt oder einen Besinnungsweg vorzubereiten und sind hoch motiviert. Auch die Zielgruppe steht für Sie fest: Familien natürlich! Doch was ist eine Familie? Die Definitionen und Selbstverständnisse sind heute vielfältig. Für die vorliegende Arbeitshilfe soll Familie definiert werden als Großeltern/Eltern(teil) mit einem oder mehreren Kindern im Kindesalter. Doch selbst hier gilt es für die Vorbereitung einer Wallfahrt noch einmal zu differenzieren, denn das Alter der Kinder spielt in der Konzeption eine wesentliche Rolle. Allgemein gilt, dass die Altersspanne nicht allzu weit gesteckt sein sollte. Gute Eingrenzungen sind zum Beispiel Familien mit Kindern im Kindergartenalter, Familien mit Kindern im Grundschulalter, Familien mit Kindern im Alter von 10-14 Jahren. Viele Familien haben mehrere Kinder, Überschneidungen sind daher immer möglich. Überlassen Sie es getrost den Eltern zu entscheiden, ob sie auch mit Kindern anderer Alterstufen an der Wallfahrt teilnehmen möchten. Sie bereiten eine Wallfahrt vor, die methodisch, inhaltlich und bezüglich der Rahmenbedingungen für die von Ihnen definierte Zielgruppe bestimmt ist.

Die klare Bestimmung der Zielgruppe zu Beginn der Planung einer Wallfahrt hat auch für Sie große Vorteile: Sie wissen genau, welche „Pilgerschar" auf Sie zukommt und können so einfacher planen. Beim Vorbereiten schon ein inneres Bild jener Menschen zu haben, mit denen Sie sich auf den Weg machen wollen, wird Ihnen ein viel effektiveres Arbeiten ermöglichen.

Große Wege: Welche Laufroute ist sinnvoll?

Nehmen viele kleine Kinder an der Wallfahrt teil, darf die Strecke nicht allzu weit sein. Die Teilnehmer/innen sollten sie auch mit Kinderwagen, Buggy oder Handwagen zurücklegen können. Besteht Ihre Pilgergruppe aus Teilnehmer/innen, die gut zu Fuß sind, kann das Gelände durchaus unwegsamere Abschnitte enthalten. Letzteres ist gerade für Kinder im Grundschulalter sehr reizvoll, die sich gerne einmal „offroad" bewegen. Gehen Sie zur Vorbereitung am besten in Gedanken all die Wege ab, die Ihnen zur Verfügung stehen:
Welcher Weg eignet sich bezüglich seiner Länge? Bietet er Abwechslung? Gibt es etwas zu sehen? Sind genügend Möglichkeiten vorhanden, in der Gruppe stehen zu bleiben und einen Moment im Gebet innezuhalten? Haben alle Teilnehmer/innen gute Sicht, wenn eine Station mit Legearbeiten oder Bildern gestaltet wird?

Im Zuge der Vorbereitungen sollte die geplante Pilgerstrecke wenigstens einmal begangen werden. So werden Unwegsamkeiten erkannt und Besonderheiten können in die inhaltliche Planung einfließen. Zuletzt kann auch der zeitliche Rahmen für die Wallfahrt eingegrenzt werden.

Doch bei aller Planung zeigt die Erfahrung immer wieder: es gibt keine perfekte Pilgerstrecke. Das eine Mal liegt der Platz für eine Station in der Nähe einer Straße, deren Autolärm die Konzentration der Wallfahrer empfindlich stört. Das andere Mal ist es unumgänglich, mit der ganzen Gruppe eine Straße zu überqueren, so dass an die Begleitpersonen höhere Ansprüche gestellt werden.

Eine gute Methode ist es daher, bei der Auswahl der Strecke das Augenmerk auf den Start- und Zielpunkt der Wallfahrt zu richten. Anfang und Ende, das Losgehen und Ankommen, das Fragenstellen und Antwortfinden sind die wichtigsten Momente einer Wallfahrt. Sie bedürfen besonderer Gestaltung und erlesener Orte. Was dazwischen kommt, muss gut geplant sein, darf aber ruhig kleine Umwege und Unwegsamkeiten bereithalten. Dann wird eine Wallfahrt wirklich zum Spiegel unseres eigenen Lebensweges, der uns auch nicht jeden Tag gut gebahnte Wegstrecken beschert.

Verlockende Anfänge: Warum die Eröffnung so wichtig ist

Stellen Sie sich vor: Es ist Sonntagabend, viertel nach acht. Endlich beginnt im Fernsehen der vielbeworbene Spielfilm, dem Sie die ganze Woche schon entgegengefiebert haben. Nach fünf Minuten stellen Sie enttäuscht fest, dass der vielversprechende Streifen nicht Ihren Erwartungen entspricht. Gelangweilt und enttäuscht schalten Sie schließlich um. Auf den Anfang kommt es an. Die ersten Minuten entscheiden, ob ich mich von dem Film angesprochen fühle.

So ähnlich ist es auch bei einer Wallfahrt. Die Erwartungen der Teilnehmer/innen sind hoch. Jetzt kommt es darauf an, sie für das Thema und die Wallfahrt zu begeistern. Der „gute Geschmack", der in den ersten Minuten den Gaumen der Teilnehmer/innen kitzelt, hält meistens bis zum Ende der ganzen Wallfahrt an. Was aber macht eine gut gestaltete Anfangsphase aus? Sicher sorgt ein spannendes Thema zu Beginn für eine gewisse Aufmerksamkeit.[8] Unabhängig davon gibt es aber noch weitere Faktoren, deren Berücksichtigung den Anfang gelingen lässt.

Ein erster Faktor ist eine gelungene Organisation: Berücksichtigen Sie, dass manche Pilger den ersten Weg ihrer Reise mit dem Auto zurücklegen und eine Parkmöglichkeit für mehrere Stunden benötigen. Die Wallfahrt sollte nicht mit einer anstrengenden Parkplatzsuche beginnen. Denkbar wäre es etwa, die Eröffnung der Wallfahrt in einer Kirche oder einem Gemeindesaal stattfinden zu lassen. Hier sind Parkmöglichkeiten oftmals von Haus aus vorhanden. Der geschlossene Raum des Gemeindesaals hat den Vorteil, dass sich die Teilnehmer/innen besser sammeln und die Impulse des/der Leiters/in akustisch besser verstehen können. Zudem sind sie dort keinen Wetterkapriolen ausgesetzt. Generell gilt: Wählen Sie für den Beginn Ihres Wallfahrtsweges zunächst einen ruhigen Ort. Er sollte groß genug sein, dass die Person, die die Gestaltung der Eröffnung übernimmt, bei der Begrüßung von allen gesehen wird und selbst alle Teilnehmer/innen im Blick hat. Ein großer Halbkreis ist perfekt.

Der zweite Faktor heißt Zeit. Planen Sie für die Eröffnungsphase einer Wallfahrt unbedingt genügend Zeit ein. Zeit, um anzukommen und sich umzusehen. Zeit, dass sich die Teilnehmer/innen untereinander wahrnehmen können. Zeit, noch einmal einen Blick in den Rucksack werfen zu können und die Schuhe zu schnüren. Und schließlich sollten Sie genügend Zeit für organisatorische Klärungen einplanen: Stellen Sie sich und Ihr Team zu Beginn vor und klären Sie damit die Frage nach Leitung und Verantwortlichkeiten. Beantworten Sie alle organisatorischen Fragen, weisen Sie zum Beispiel auf Begleitfahrzeuge und deren Nutzung hin, stellen Sie Regeln auf, falls nötig.

8 Zur Möglichkeit der Themenfindung siehe den Abschnitt „Bewegte Herzen", S. 20.

Bevor Sie mit dem inhaltlichen bzw. liturgischen Teil beginnen, machen Sie einen deutlichen Einschnitt. Dies gelingt gut mit einem gemeinsamen Lied und dem Kreuzzeichen. Steigen Sie ohne Umschweife ins Thema ein. Zeigen Sie beispielsweise ein Bild, ein Symbol oder einen Gegenstand, der etwas mit dem Leitgedanken der Wallfahrt zu tun hat. Lassen Sie die Kinder ihre Assoziationen aussprechen. Planen Sie dabei genug Zeit zum Nachdenken ein und vermeiden Sie, Aussagen zu wiederholen oder gar zu werten.

Neben dieser symboldidaktischen Form gibt es viele weitere Möglichkeiten in ein Thema einzusteigen: So können Sie etwa provokante Aussagen zum Thema formulieren und zur Diskussion stellen oder mit einem kleinen Rollenspiel beginnen.

Wie immer Sie einsteigen, versuchen Sie in jedem Fall, auf kreative Weise einen Zugang zum Thema zu schaffen, der die Menschen in ihrer Lebenswirklichkeit abholt und geben Sie den Teilnehmer/innen die Möglichkeit, ihre Gedanken dazu auszudrücken. Fassen Sie die wichtigsten Fragen und Gedanken in einem kurzen Gebet zusammen und beginnen Sie unter diesem Vorzeichen den gemeinsamen Weg. Den Abschluss der Eröffnung bildet ein Lied und der Wallfahrersegen.

Für die gesamte Anfangsphase können Sie gut und gerne 30-45 Minuten einplanen. Eine schöne Geste zu Beginn einer Wallfahrt ist es, den Pilgern etwas mit auf den Weg zu geben. Dies kann zum Beispiel eine Brusttasche sein, in die „kleine Schätze“ gepackt werden können oder ganz einfach ein Stückchen Brot als „Wegzehrung“. Ein kleiner Traubenzucker, falls der „Akku“ leer wird, kommt ebenfalls gut an.

Unterwegs hat es sich bewährt, zwei bis drei Punkte auszuwählen, an denen eine Station gestaltet wird. Auch hier sollte der Platz groß genug sein, dass alle Teilnehmer/innen die Gebetseinheit gut verfolgen können. Ferner sollte etwas Anschauliches, zum Beispiel ein Wegkreuz oder eine landschaftliche Besonderheit, zu entdecken sein, das sich in den Inhalt der Station einbinden lässt. Das Hören der Geschichte des Heiligen Christophorus zum Beispiel hat einen ganz besonderen Reiz, wenn die Pilgergruppe dabei an einem Flussufer steht. Inhaltlich sollten die Stationen das Thema der Eröffnung fortführen und ausweiten. Achten Sie darauf, den roten Faden in Thema und Stil nicht zu verlieren. Vermeiden Sie, die Stationen unterwegs zu überfrachten. Besser sind einfache Impulse, über die die Pilger gehend nachdenken können.

Hehre Ziele: Wie der Abschluss gestaltet werden kann

Die Anfangseinheit und der gemeinsame Abschluss bilden den Rahmen einer Wallfahrt und bedürfen besonderer Gestaltung. Während beim Start eine gelungene inhaltliche Einführung ins Thema im Vordergrund steht, kommt es beim Abschluss auf den Ort an. Wählen Sie daher ein Ziel, das die Teilnehmer/innen schon beim Gehen mit Vorfreude erwarten können – etwa eine Wallfahrtskirche oder eine schöne Kapelle. Marienkapellen sind im Marienmonat Mai oft prächtig herausgeputzt und allemal eine Wallfahrt wert. Das Patrozinium im Nachbarort ist eine gute Gelegenheit, die dortige Kirche einmal pilgernd aufzusuchen. Heute sind viele kleinere Pfarreien zu Pfarreiengemeinschaften oder Pfarrverbänden zusammengeschlossen. In den Filialkirchen finden oft nur wenige Gottesdienste statt. Warum nicht die Gottesdienstordnung in den großen Pfarreiengemeinschaften mit einer Wallfahrt bereichern? Wallfahrten, Besinnungswege und Andachten für Kinder und Familien beleben jede Pfarrei und tragen zur Vielfalt der Gottesdienstformen bei.

Oft finden sich auch in der freien Natur schöne Orte, die sich als Ziel für den Abschluss der Wallfahrt antragen: zum Beispiel Anhöhen mit Ausblick, reich bewachsene Täler, imposante Bäume oder Felsen und nicht zuletzt auch Wegkreuze. Wählen Sie Ihr Ziel nach einem wichtigen Kriterium aus: Lädt dieser Ort ein, zu schauen und zu staunen? Kann er als Ort erfahren werden, an dem Gott im Wunder der Schöpfung, in der Kraft des menschlichen Schaffens, die an diesem Ort gewirkt hat oder in der Geschichte spürbar ist? Was macht diesen Ort zu etwas „Heiligem“, das uns von Gott erzählt?

Der Abschluss einer Familienwallfahrt sollte möglichst kurz gestaltet werden. Nach zwei oder drei Stunden Fußmarsch und vielen spirituellen Impulsen sind die Teilnehmer/innen meist erschöpft und sehnen sich danach, endlich „ankommen“ zu dürfen. Daher sollte auch das Abschlusselement der Wallfahrt nicht mehr mit neuen Impulsen angefüllt sein. Das Ankommen und die Reflexion des Erlebten stehen im Mittelpunkt.

Sie können die Inhalte der Wallfahrt noch einmal zusammenfassen, indem Sie wichtige Gedanken oder Symbole einbinden und die Pilger zu Wort kommen lassen. Eine andere Möglichkeit wäre, ein Schriftwort vorzulesen und Fürbitten zu formulieren, in denen Sie wichtige Anliegen zur Sprache und vor Gott bringen. Auch ein passender Meditationstext stillt die Sehnsucht der Pilger nach innerem und äußerem Zur-Ruhe-Kommen.

Vergessen Sie zuvor jedoch nicht nicht, die Menschen zu ermutigen, den Ort als solchen wahrzunehmen. Laden Sie zum Beispiel ein, die Figuren in einer Kirche genau zu betrachten. Die kleine Kirche, das Wegkreuz oder die Landschaft war schließlich

Ziel der Pilgerfahrt mit all ihren Mühen und Anstrengungen. Pilgern heißt, sensibel zu werden, zu sich zu kommen und Dinge zu sehen, die wir im Alltag mit seiner Hektik und der Fülle an Eindrücken gar nicht mehr wahrnehmen. Nutzen Sie diesen Sensibilisierungsprozess, den das Wallfahren bei den Pilgern in Gang gebracht hat, und lenken Sie ihre Blicke und Gedanken auf Dinge, die sonst unbeachtet bleiben. Ein bekanntes Lied setzt einen eindeutigen Schlusspunkt der Wallfahrt.

Nach all der körperlichen und geistigen Leistung heißt es nun, wieder aufzutanken. Unsere Kirche ist Weggemeinschaft und Mahlgemeinschaft. Der an vielen Wallfahrtsorten üblichen Pilgertradition folgend, können Sie jedem Teilnehmer/innen einen „Wallfahrerweck" mit Würstchen oder Beilagen nach Wahl anbieten. Kuchenspenden stellen die günstigste Variante dar, große und kleine Pilgerbäuche zu füllen. Womit Sie Ihre Pilgerschar auch verwöhnen möchten, bieten Sie die Verpflegung nach Möglichkeit zum Selbstkostenpreis oder gar kostenfrei an. Gerade für Familien sollten die Kosten für die Teilnahme nicht zu hoch sein. Überlegen Sie, was angeboten werden soll und welche „Sponsoren" aktiviert werden können. Oft leisten auch die zuständigen Pfarreien einen kleinen Beitrag.

Rauchende Köpfe: Wie findet sich ein Vorbereitungsteam?

Eine Familienwallfahrt ist gerade in der Vorbereitungsphase sehr arbeitsintensiv, weshalb der Rahmen der Vorbereitungszeit nicht allzu knapp gesteckt sein sollte. Drei Monate sind ein guter Richtwert. Der Termin selbst wird am besten schon früher festgelegt, damit die beteiligten Pfarreien die Familienwallfahrt mit in ihre Jahresplanung einbeziehen, die Werbung mittragen und eventuell sogar eine/n Hauptamtliche/n zur Mitgestaltung freistellen können.

Der erste Schritt bei der Zusammenstellung des Vorbereitungsteams ist die Festlegung der Leitung. Diese kann ein hauptamtliche/r kirchliche/r Mitarbeiter/in oder auch ein ehrenamtlich tätiges Gemeindemitglied übernehmen. Auf jeden Fall aber ist es sinnvoll, in der Vorbereitungsphase engen Kontakt zum zuständigen Seelsorger zu halten, damit dieser bei theologischen Fragen mit Rat und Tat zur Seite stehen kann. Wenn Sie die Chance haben, dass ein/e Hauptamtliche/r oder ein Priester die Familienwallfahrt begleitet, dann nutzen Sie dessen theologisches Wissen und beziehen Sie ihn in den Weg der Vorbereitung mit ein. Die Teamarbeit trägt Früchte, wenn jeder Beteiligte das Projekt mit seinen persönlichen und beruflichen Fähigkeiten bereichern kann.

Nachdem die Verantwortlichen des Vorbereitungsteams gefunden sind, heißt es, Mitarbeiter/innen zu gewinnen. Sprechen Sie ruhig einige Familien an, die zur Zielgruppe

Ihrer Wallfahrt gehören. Gewiss sind einige Familienmitglieder zur punktuellen Mithilfe bereit. Setzen Sie eine kurze Notiz in den Pfarrbrief oder in das Gemeindeblatt, dass Sie Mitarbeiter/innen für Ihre Familienwallfahrt suchen. Stellen Sie Ihr Projekt in den Treffen der Kindergottesdienstteams und in den Pfarrgemeinderatssitzungen vor. Sprechen Sie Lehrkräfte und Erzieher/innen an, die täglich jene Kinder betreuen, die Sie mit ihren Familien einladen. Sie bringen erzieherisches Können, Kreativität und einen Schatz an Ideen und Methoden mit.

Fleißige Hände: Weitere organisatorische Tipps zur Vorbereitung

Was im Vorfeld der Wallfahrt vorbereitet werden muss, hängt natürlich ganz von Ihrem Konzept und Ihrer Zielgruppe ab. Um einen Überblick über die anstehenden Aufgaben zu erhalten, ist es ratsam, sich eine To-Do-Liste zu erstellen. Sie führt auf, was zu erledigen ist und nennt die jeweiligen Verantwortlichen. Sorgen Sie dafür, dass jede/r Mitarbeiter/in stets eine aktuelle Liste mit dem Protokoll des letzten Vorbereitungstreffens erhält. Bereits erledigte Aufgaben werden nicht von der Liste gestrichen, sondern bleiben mit dem Verantwortlichen und dem Vermerk „erledigt“ auf der Liste stehen. So kann die letzte To-Do-Liste eine praktische Checkliste für den Tag der Wallfahrt werden. Durch ihre Vollständigkeit wird auch jene Kleinigkeit nicht vergessen, die schon vor Monaten erledigt wurde.

Bei einigen Aufgaben können die Teilnehmer/innen der Wallfahrt unmittelbar in die Vorbereitung einbezogen werden. Beauftragen Sie beispielsweise einzelne Familien oder Gruppen, eine Station zu gestalten, Fürbitten zu formulieren, Bilder zu fertigen oder kleine Rollenspiele einzuüben.

Auch das Singen ist ein wichtiges Element beim Pilgern, weshalb es sicher sinnvoll ist, die Teilnehmer/innen bereits im Vorfeld der Wallfahrt zum Üben von Liedern zu animieren. Singen schafft Gemeinschaft, macht gute Laune und erleichtert das Gehen. Ein Lied, von Herzen gesungen, gleicht einem innigen Gebet. Viele Menschen lieben spirituelle Gesänge mehr als Gebete. Wählen Sie nicht allzu schwierige Lieder aus. Wechselgesänge und Kanons sind ebenso geeignet wie Lieder mit kurzen Strophen und langen Refrains. Auch manche Lieder aus dem Kindergarten oder der Schule können auf der Wallfahrt Verwendung finden.
Bei großen Pilgergruppen sollte im Vorfeld eine Art Schola gebildet werden, die die Lieder bei der Wallfahrt anstimmt und vorsingt. Um den Gesang der Pilger zu unterstützen, ist der Einsatz gut hörbarer Instrumente, die im Gehen gespielt werden können, wie etwa einer Gitarre, einer Flöte oder eines Blechblasinstruments, zu empfehlen.

Bewegte Herzen: Welche Themen eignen sich?

Ein Patrozinium, ein Gedenktag, ein Fest im Kirchenjahr oder die Frage nach dem adäquaten Umgang mit der Schöpfung – immer wieder bieten sich zahlreiche Ansatzpunkte, um Themen für Wallfahrten zu generieren. Manchmal geben auch die Jahresthemen im Kindergarten oder aktuelle Schulprojekte gute Impulse. Insgesamt gilt: Je kleiner und kompakter ein Thema ist, desto vielfältiger und tiefer kann es beleuchtet werden und je einfacher es formuliert ist, desto besser erschließt sich das Thema auch den Kleinsten. Wenn es Ihnen gelingt, bei der Formulierung und der Ausarbeitung Ihres Themas das Leben der Menschen zur Sprache und mit dem Glauben in Verbindung zu bringen, berühren Sie nicht nur den Verstand, sondern auch die Herzen der Teilnehmer/innen. Versuchen Sie daher, den Inhalt schon in der Ankündigung anschaulich mit aufzunehmen (zum Beispiel „Mit Abraham vertrauen lernen“). Vielfältige Methoden wie Erzählen, Spielen, Dialoge führen, Körperübungen, Gesang oder Symbolbetrachtung ermöglichen es, ein Thema ganzheitlich erfahrbar zu machen.

Doch bei aller Methodik gilt immer auch: Wallfahren ist eine Form des Gebets. Vergessen Sie daher nicht, das Thema, Ihre Auslegungen und die Impulse der Pilger immer wieder in Gebeten zusammenzufassen. Planen Sie Raum für freies oder stilles Beten ein. Sonst werden Ihre Gedanken schnell zum Vortrag und Ihre Stationen zu Schulstunden. Beim Wallfahren sprechen wir gehend mit Gott, unser Gehen ist „Geh-bet“.

Werbende Stimmen: Wie kann ich die Wallfahrt publik machen?

Was für Unternehmen, ein Produkt, oder auch jede andere Veranstaltung notwendig ist, gilt – in etwas anderer Hinsicht – auch für die Wallfahrt. Auch sie benötigt ein gewisses Maß an Öffentlichkeitsarbeit, um in der Fülle der Angebote überhaupt wahrgenommen zu werden. Schon in der Werbung gilt es, das Besondere der „Veranstaltung“ deutlich zu machen und für das Thema zu interessieren. Je kreativer desto besser.

Was die Möglichkeiten der „Vertriebswege“ anbelangt, so stehen Ihnen viele Kanäle zur Verfügung: Mag ein Ort, eine Gemeinde oder eine Stadt noch so anonym wirken, die Pfarrgemeinden sind im Kern immer noch „kleine Nester“, in denen man sich kennt. Eine gute Mund-zu-Mund-Propaganda ist nicht zu unterschätzen. Bitten Sie den zuständigen Seelsorger um seine werbende Unterstützung, gehen Sie in eine Pfarrgemeinderatssitzung und ermutigen Sie dessen Mitglieder, als Multiplikatoren aktiv zu werden. Machen Sie Ihr Angebot im Kindergarten und in der Schule publik. Ein bekanntes Gesicht und Informationen aus erster Hand sind nach wie vor gewinnender als jedes Stück Papier.

Viele Pfarreien und Pfarrverbände veröffentlichen regelmäßig Pfarrbriefe, die, neben der Gottesdienstordnung, Informationen und Berichte aus dem Pfarreileben enthalten. Gerade Angebote für Kinder und Familien sind im Pfarreialltag nicht breit gestreut und werden gerne beworben. Wenn in der Pfarrei ein Familienkreis oder Familienverband existieren sollte, finden Sie sicher auch hier ein offenes Ohr.

Versuchen Sie, die Wallfahrt im Lokalteil Ihrer Tageszeitung unterzubringen. In der Sparte „Veranstaltungshinweise“ haben Sie meistens Glück, dass Ihr Anliegen in aller Kürze veröffentlicht wird. Möchten Sie lieber versuchen, einen längeren Hinweis mit mehr Informationen in der Zeitung unterzubringen, nehmen Sie Kontakt mit einem freien Mitarbeiter oder dem zuständigen Redakteur der entsprechenden Zeitung auf. Dies hat den Vorteil, dass Ihre Vorankündigung gut platziert erscheinen könnte. Eventuell sind freie Mitarbeiter nach Rücksprache in den Redaktionen auch bereit, einen Bericht über Ihre Wallfahrt und deren Verlauf zu verfassen.

Nicht zu unterschätzen ist die Werbewirksamkeit eines Plakates. Gut präsentiert wird es von vielen Leuten wahrgenommen. Hängen Sie Ihre Plakate nicht nur in den Schaukästen der Pfarrei, sondern auch in der Gemeindeverwaltung, in der Post, in der Schule, an Haltestellen und in Geschäften auf. Bei der Gestaltung des Plakates beschränken Sie sich auf die wichtigsten Infos. Statt langer Texte dominiert ein ansprechendes Bild, das bestenfalls von einer kreativen Natur gestaltet oder von Kindern gemalt ist. Das Plakatmotiv kann auch auf kleinere Handzettel im Format DIN A6 gedruckt werden, die als Wurfsendung oder in Kindergarten und Schule verteilt werden. Die Handzettel enthalten stichpunktartig die wichtigsten Informationen und nennen eine Kontaktperson mit Telefonnummer oder/und E-Mail-Adresse für Rückfragen.

Nicht zuletzt bieten auch die digitalen und „sozialen“ Medien viele Chancen, Ihre Wallfahrt bekannt zu machen: Senden Sie eine E-Mail mit dem Plakat an Ihre Freunde und Bekannten mit der Bitte, sie an Familien oder Gruppen weiterzuleiten. Eröffnen Sie eine Facebookgruppe usw.

Werbung ist wichtig für den Erfolg einer Veranstaltung. Nehmen Sie diesen Punkt Ihres Projektes ernst und überlegen Sie mit Ihrem Vorbereitungsteam rechtzeitig, welche Werbemaßnahmen an Ihrem Ort am erfolgversprechendsten sind.

Aufregend anders: Die Wallfahrt als Chance für den Glauben

Eine Familienwallfahrt bedarf einer intensiven Vorbereitungszeit, bei der strukturiertes Arbeiten, langfristige Planung, Kommunikation, Kreativität und ein gutes Händchen bei der Gewinnung und Begleitung des Vorbereitungsteams entscheidend sind. Ich hoffe, Sie wurden durch die vielen Tipps und Hinweisen motiviert, sich auf das Projekt „Familienwallfahrt“ einzulassen. Sie werden spüren, dass sich vieles wie von selbst entwickelt und auch der Heilige Geist in so manchen Situationen seinen Beitrag leistet. Die Zeit der Vorbereitung, des Ringens um Ideen, der Freude über Teilerfolge und schließlich die Begeisterung, die Sie mit Ihrer Wallfahrt bei Groß und Klein auslösen, wird für Sie und das Vorbereitungsteam ein großer Gewinn sein. Sie werden Gottes Nähe spüren wie Abraham und Mose, zeitweise hadern wie die Propheten, suchen und fragen wie die ersten Christen und Jesus als Wegbegleiter erkennen, wie die Jünger auf ihrem Weg nach Emmaus.

Wenn Sie eine Familienwallfahrt anbieten, versuchen Sie, die Lebenswelt der Menschen mit all ihren Höhen und Tiefen in den Horizont des Glaubens zu stellen. So kann das Beten zum echten Dialog mit Gott werden. Das Unterwegssein in Gemeinschaft wird als Sinnbild für unser ganzes Leben mit Leib und Seele erfahrbar.

Messen Sie den Erfolg der Wallfahrt nicht an der Zahl der Menschen, die Ihrer Einladung gefolgt sind. Freuen Sie sich vielmehr darüber, was Sie bei Ihrer Pilgergruppe ausgelöst haben und vergessen Sie nicht, wie Sie selbst durch die Gespräche und die tiefe Auseinandersetzung mit Themen unseres Lebens und Glaubens beschenkt wurden.

In den Wallfahrten zeigt sich, wie vielfältig und lebendig Gottesdienst sein kann. Sie bieten der tiefen Sehnsucht der Menschen nach Spiritualität ein Stück Heimat.

Modelle für die Praxis

Kinder- und Familienwallfahrten

Jesus geht mit! – Eine Wallfahrt für die ganze Familie

Vorbemerkung

Das folgende Konzept wurde als Wallfahrt für Kinder im Grundschulalter durchgeführt, eignet sich aber durchaus auch als Wallfahrt für die ganze Familie. Im Mittelpunkt der Wallfahrt steht Jesus Christus. An vier exemplarischen Geschichten aus der Bibel erfahren die Kinder, wie Jesus in seiner Zeit wirkte. Die Kinder lernen weitere Personen aus Jesu Lebenswelt kennen und fühlen sich in deren Lebenssituationen ein. Sie erfahren, dass Jesus nicht nach gesellschaftlichen Vorgaben handelte, sondern Liebe die Richtschnur für sein Tun bildete. Er ging gerade auf die Außenseiter zu und hatte ein Gespür für die Bedürfnisse der Menschen. In der Abschlussandacht werden die Erfahrungen der biblischen Personen in die heutige Lebenswelt übertragen. Es wird der Frage nachgegangen, was wir heute tun können, um Jesus und seine Botschaft lebendig werden zu lassen.

Für Kinder besonders anschaulich werden die biblischen Geschichten durch den Einsatz von Erzählfiguren. Viele Gemeinden und Kindergärten besitzen diese. Falls Ihre Gemeinde selbst keine besitzen sollte, fragen Sie dort oder auch in Ihren Medienstellen an. Einige Medienstellen bieten eine Auswahl an Figuren zur Ausleihe an. Das Mitführen der Figuren in einem Bollerwagen macht den Kindern großen Spaß. Achten Sie jedoch auf einen achtsamen Umgang mit den Figuren.

In der Abschlussandacht wird mit den Teilnehmer/innen ein „Jesus-Rap" gestaltet, der auf pfiffige Art und Weise das Leben Jesu und die auf der Wallfahrt gewonnenen Erkenntnisse zusammenfasst. Dieses Element sollte vorher von einer Gruppe geübt werden.

Wie das Vortragskreuz und die Fähnchen kann auch ein Globus mit der aktuellen Jahreszahl auf der Wallfahrt mitgeführt werden. Er symbolisiert, dass auch heute viele Menschen unsere Hilfe und Zuwendung benötigen. Auf diese Weise können wir sie im Herzen und im Gebet mittragen.

Material

- ☐ Lied-/Gebetsheft
- ☐ Vortragekreuz
- ☐ Fähnchen
- ☐ Erzählfiguren (Jesus, drei Kinder, zwei Jünger, die gekrümmte Frau)
- ☐ Bollerwagen
- ☐ Globus mit Wortkarte der aktuellen Jahreszahl
- ☐ Brusttäschchen (eventuell aus Stoffresten selbst nähen oder Werbemittel)
- ☐ Anhänger „Herz" für jede/n Teilnehmer/in (kleiner Schlüsselanhänger, aus Filz ausgeschnitten, mit Bändchen)
- ☐ Kinderpflaster
- ☐ Kleine Fische (zum Beispiel aus Ton, kleine Seifenstücke in Fischform, Badefischchen)
- ☐ Plakat mit Bibelvers (Mt 25,40)
- ☐ Kleine Kreuze

Abkürzungen

L = Leitung
E = Erzähler/in
A = Alle

1. Station: Jesus hat ein Herz für Kinder

Begrüßung

L: Zu unserer Kinderwallfahrt heißen wir euch alle herzlich willkommen. Wir möchten uns miteinander auf den Weg nach ... machen. Wir wollen aber nicht nur gehen, sondern auch singen, beten, hören und miteinander sprechen. Unterwegs machen wir zwei Mal Halt, um eine Geschichte zu hören und gemeinsam zu singen. Auch beim Gehen singen und beten wir miteinander. Wir teilen euch jetzt kleine Brusttaschen aus. Hängt sie euch um den Hals. Ich bin gespannt, womit diese Taschen gefüllt werden.

Lied: Wir fangen an fröhlich zu sein[9] (1. und 2. Strophe)

Eröffnung

L: Beginnen wir unsere Wallfahrt im Namen des +Vaters und des Sohnes und des heiligen Geistes. Amen.

Vorstellung der Erzählfigur Jesus:

→ *Der/die Leiter/in zeigt den Teilnehmer/innen die Erzählfigur Jesus.*

L: Weißt du, wen diese Figur heute darstellt? Du kennst diesen Mann. Du weiß sicher viel über ihn.

→ *Kinder erzählen, was sie von Jesus wissen.*

L: Diese Figur von Jesus wird uns auf unserer heutigen Wallfahrt begleiten. Wir setzen sie in diesen Wagen.

→ *Die Leitung setzt die Jesusfigur in den Bollerwagen.*

L: Mal sehen, ob sich noch weitere Leute zu Jesus gesellen. Vielleicht erfahren wir es ja bereits in der folgenden Geschichte.

Biblische Erzählung: Jesus segnet die Kinder (nach Mk 10,13-16)

E: Jesus brauchte einmal Ruhe. Denn zu Jesus kamen viele Menschen. Sie wollten etwas von ihm: seinen Ratschlag, seine Botschaft hören oder ihn um Hilfe bitten. „Jetzt reicht es, ich brauche Ruhe," sagte Jesus eines Tages und ging mit seinen Freunden an einen einsamen Platz. Aber Jesus und seine Freunde blieben nicht lange allein. Frauen mit ihren Kindern kamen. Sie wollten, dass ihre Kinder diesen

---

9 Bei Liedgut, das sich in den gängigen Liederbüchern (Troubadour für Gott, Junges Gotteslob, God for You(th)) findet, wurde auf einen Abdruck verzichtet. Ein vollständiges Liedverzeichnis befindet sich auf beiliegender CD-ROM.

Jesus kennen lernen, der im Namen Gottes so viel Gutes tat. Als die Freunde die Kinder sahen, sagten sie: „Geht wieder heim. Jesus ist müde. Außerdem versteht ihr Kinder sowieso nichts, ihr seid doch viel zu klein!“ Jesus hörte dies. Er wurde sauer und sagte: „Habt ihr eine Ahnung! Sie verstehen mehr als ihr denkt. Sie verstehen vielleicht nicht mit dem Kopf, aber sie verstehen mit ihrem Herzen!“ Da ging Jesus zu den Kindern und nahm sie in den Arm, legte ihnen die Hände auf, segnete sie und sagte zu jedem Kind: Ich hab dich gern, du bist mir wichtig. Gott behütet dich.“ Jesus zeigte den Kindern auf diese Weise, dass er sie lieb hat und sie unendlich wertvoll für ihn sind.

Aktion/Gespräch zur Bibelstelle

L: Jesus hat da ja etwas Tolles gemacht. Jesus hat die Kinder nicht weggeschickt, er hat sie gesegnet. Ich habe hier drei Figuren. Sie stellen die Kinder dar, die Jesus damals zu sich genommen und gesegnet hat. Wie mögen sie sich gefühlt haben? Was haben sie gedacht? Was haben sie gesagt? Du darfst jetzt eine dieser Figuren deine Stimme leihen und sie zum Sprechen bringen. Wer traut sich?

→ *Die Kinder lassen die Figuren sprechen. Anschließend werden die drei Kinderfiguren zu Jesus in den Wagen gesetzt.*

Give away: Herz-Anhänger

→ *Als Zeichen für die Großherzigkeit Jesu und seine Liebe zu den Kindern erhalten die Wallfahrtsteilnehmer/innen einen Anhänger in Herzform.*

Wallfahrersegen

L: Lasst uns nun um Gottes Segen für unsere Wallfahrt bitten:
Lieber Gott, mit Jesus wollen wir jetzt losgehen. Auf unserem Weg wollen wir lernen, Rücksicht zu nehmen und keinen zurückzulassen. Wie Jesus wollen wir ein Herz für Andere haben. Dazu segne uns der allmächtige Gott, der +Vater, der Sohn und der Heilige Geist. Amen.

Lied: Da ist einer unterwegs

1. Wegstück

Litanei: Jesus unser Wegbegleiter

L: Unser Leben ist wie ein Weg. Jesus ist unser Wegbegleiter. Wir wollen ihn bitten, dass er immer bei uns bleibt. Deshalb rufen wir: Bleibe bei uns, Jesus! **A:** Bleibe bei uns, Jesus.

L: Du gehst alle Wege mit **A:** Bleibe bei uns, Jesus
Du bist bei uns Tag für Tag ...
Du bist bei uns, wenn wir fröhlich sind ...
Du bist bei uns, wenn wir traurig sind ...
Du hörst unsere Fragen ...
Du kennst unsere Sorgen ...
Du bist unser treuer Freund ...
Du bist unser guter Hirte ...
Du bist unser Vorbild ...
Du bist wie eine Mutter ...
Du bist wie ein Vater ...
Du bist immer bei uns ...
Alle Mädchen rufen dir zu ...
Alle Jungen rufen dir zu ...
Alle Mamas rufen dir zu ...
Alle Papas rufen dir zu ...
Alle Lehrerinnen und Lehrer rufen dir zu ...
Alle Erzieherinnen und Erzieher rufen dir zu ...

L: Jesus ist unser Freund und Wegbegleiter. Er lässt uns nicht im Stich. Es liegt aber auch an uns, ob wir das Freundschaftsangebot annehmen. Deshalb antworten wir auf die folgenden Sätze: ... sind wir unterwegs mit dir! **A:** ... sind wir unterwegs mit dir!

L: Weil du in einem armen Stall geboren wurdest **A:** ... sind wir unterwegs mit dir!
Weil du ein Kind wie wir warst ...
Weil du auch Sorgen hattest ...
Weil du die Jünger berufen hast ...
Weil du auch uns rufst ...
Weil du Kranke geheilt hast ...
Weil du Sündern verziehen hast ...
Weil du von Gott erzählt hast ...
Weil du Wunderbares vollbracht hast ...
Weil du Außenseiter angenommen hast ...
Weil du Ärger in Kauf genommen hast ...

Weil du für uns gestorben bist ...
Weil du auferstanden bist ...
Obwohl wir nicht alles von dir wissen ...

Obwohl wir dich nicht sehen ...
Obwohl wir dich nicht immer spüren ...
Obwohl wir dich nie ganz verstehen ...

L: Jesus hat viel Gutes getan. Auch für uns möchte er nur das Beste. Deshalb wollen wir ihm jetzt Danke sagen und antworten: Danke, guter Jesus! **A:** Danke, guter Jesus!

L: Wir beten und wir singen **A:** Danke, guter Jesus!
Wir hören deine Geschichten ...
Wir freuen uns an der Natur ...
Wir halten fest zusammen ...
Wir nehmen Rücksicht aufeinander ...
Wir können deinem Beispiel folgen ...

L: Guter Jesus, wir sagen dir Dank und bitten dich: Beschütze uns auf dieser Wallfahrt und allen Wegen, die wir gehen. Amen.

Lied: Da ist einer unterwegs

2. Station: Jesus tut Wunderbares

Eröffnungsimpuls

→ *Die Leitung zeigt einen kleinen Laib Brot und gibt dazu folgenden Impuls:*

L: Dieses Brot muss für uns alle reichen!

Hinführung zur biblischen Erzählung

→ *Die Leitung zeigt zwei männliche Erzählfiguren.*

L: Diese beiden Männer sind zwei Jünger. Sie haben erfahren, dass auch sehr wenig Essen für sehr viele Menschen reichen und Jesus die Menschen satt machen kann. Hören wir die Geschichte aus der Bibel.

Biblische Erzählung: Die Speisung der 5000 (nach Lk 9,11-17)

Jesus sprach einmal vor sehr vielen Menschen.[10] Männer, Frauen, auch Kinder waren da. Die Bibel erzählt, dass es etwa 5000 Menschen waren. Als es Abend wurde, sagten die Jünger zu Jesus: „Jesus, es ist schon Abend. Die Menschen sind müde und haben Hunger. Schick sie doch weg, damit sie sich etwas zu essen und ein Bett für die Nacht besorgen können!“ Jesus aber antwortete den Jüngern: „Gebt ihr ihnen etwas zu Essen!“ Da erwiderten die Jünger: „Wir haben aber nur fünf Brote und zwei Fische. Das wird niemals für alle reichen! Es sind einfach zu viele hungrige Menschen.“ Doch Jesus nahm das Brot, dankte Gott, brach es und gab es den Jüngern mit den Worten: „Teilt es unter den Leuten auf. Sie sollen sich satt essen.“ Das gleiche tat er mit den zwei Fischen. Die Jünger verteilten Brot und Fisch unter den Leuten. Die Menschen wurden satt und froh. Als die Jünger nach dem Mahl die übrig gebliebenen Brotstücke wieder einsammelten, waren es zwölf Körbe voll. Die Menschen staunten: So wenig Brot macht so viele Menschen satt! Wunderbar!

→ *Die zwei Jünger werden zu Jesus und den Kindern in den Bollerwagen gesetzt.*

Aktion: Brotverteilung

L: Ihr seht hier wieder das kleine Brot. Wie in der Geschichte wollen wir es miteinander teilen. Mal sehen, ob alle etwas bekommen. Geht in kleine Gruppen zusammen. Jede Gruppe bekommt ein Stück Brot. Was übrig ist, sammeln wir ein.

Segensgebet über das Brot

L: Jesus, du hast damals Brot und Fisch für die Vielen geteilt. Obwohl es so wenig war, wurden alle satt. Du hast Wunderbares vollbracht und die Menschen mit deinem Wort und dem Mahl satt und fröhlich gemacht! Auch wir wollen dieses kleine Brot miteinander teilen. Wir bitten dich: Segne dieses Brot und uns alle, die wir davon essen, im Namen des +Vaters, und des Sohnes und des Heiligen Geistes. Amen.

→ *Die Leitung teilt das Brot in größere Stücke und gibt es in die Gruppen. Die Reste werden in Körbchen gesammelt. Die Erfahrung zeigt: Das Brot wird reichen, es werden sogar noch ein paar Krümel übrigbleiben.*

Give-away: Kleine Fischchen

→ *Zur Erinnerung an die biblische Erzählung werden kleine Fische (zum Beispiel aus Ton) an die Kinder verteilt.*

Lied: Der kleine Jonathan

---

10 Die vielen Menschen der Erzählung können von den Wallfahrtsteilnehmer/innen dargestellt werden.

2. Wegstück

Gemeinsames Gebet

A: Wo ich gehe, wo ist stehe,
bist du, lieber Gott, bei mir.
Wenn ich dich auch niemals sehe,
weiß ich dennoch, du bist hier.

Wenn ich lache, wenn ich weine,
bist du, lieber Gott, bei mir.
Hab ich Angst und bin alleine,
weiß ich dennoch, du bist hier.

Schenk mir Stille, schenk mir Ruhe,
dass ich deine Nähe spür'.
Denn, was immer ich auch tue,
lieber Gott, du sorgst dafür.

Lied: Der kleine Jonathan

3. Station: Jesus hilft Menschen, denen es nicht gut geht

Lied: Unser Lied nun erklingt

Hinführung zur biblischen Erzählung

→ *Die Leitung zeigt ein Fernglas.*

L: Du kennst das. Was kann man damit machen?

→ *Einige Kinder dürfen nach vorne treten und die Funktion eines Fernglases testen.*

L: Wir können weit sehen. Was habt ihr auf dem Weg hierher alles entdeckt?

→ *Die Kinder antworten. Dann zeigt die Leitung die Erzählfigur „Gekrümmte Frau".*

L: Jesus ist einmal einer Frau begegnet, die hätte vieles gegeben, weit schauen zu können. Sie konnte aber nicht viel sehen, denn sie konnte ihren Rücken nicht mehr aufrichten. Eigentlich sah sie den ganzen Tag nur auf den Boden. Hören wir, was geschah.

Biblische Erzählung: Jesus und die gekrümmte Frau (nach Lk 13,10-17)

E: Es ist Sabbat. Dieser Tag ist für die Juden in etwa das, was für uns Christen der Sonntag ist, ein Ruhetag. Die Frau mit dem krummen Rücken schlurft über den Marktplatz. Sie will in die Synagoge, in das Gotteshaus. Sie geht langsam. Das Gehen ist anstrengend für sie. Ihr Rücken ist so gekrümmt, dass sie sich nicht mehr aufrichten kann. Immer hat sie das Gefühl, eine Last zu tragen. Sie weiß heute gar nicht mehr, ist es eine Krankheit oder kommt der krumme Rücken von ihren vielen Sorgen? Mühsam und ganz langsam gelangt sie schließlich an die Synagoge. Viele Menschen sind versammelt.

Als sie ganz nahe bei den vielen Leuten ist, wird es plötzlich still. „Hoffentlich starren die mich nicht alle an!“, denkt sie und bekommt es mit der Angst zu tun. Plötzlich hört sie eine freundliche Stimme: „Frau, du da, du mit dem krummen Rücken, komm doch mal her!“ das muss Jesus sein. So freundlich hat sie schon lange keiner mehr angesprochen. Was wollte er nur von ihr? Die gekrümmte Frau schleppt sich zu ihm hin. Dann steht sie vor Jesus. Es wird ganz ruhig in der Synagoge. Die Frau schämt sich. „Wäre ich bloß nicht hergekommen! Jetzt starren mich alle an und verspotten mich in Gedanken“, denkt sich die Frau. Doch Jesus sagt: „Du arme Frau, du sollst ab heute nicht mehr krumm sein. Du kannst dich langsam aufrichten.“ Plötzlich spürt sie, dass er ihr seine Hände auf den Rücken legt. Da richtet sie sich langsam auf. Sie kann wieder aufrecht stehen. Sie kann den Menschen wieder ins Gesicht schauen. Für die Frau beginnt ein neues Leben. Vor Freude steigen ihr Tränen in die Augen und sie dankt Jesus von ganzem Herzen.

Übung: Umhergehen wie die gekrümmte Frau

L: Stell dir vor, dein Rücken ist krumm, du kannst den Kopf kaum heben.
Mache deinen Rücken einmal ganz krumm. Versuche jetzt mal, zum Himmel zu schauen, deinen Nachbarn freundlich anzusehen. Gehe jetzt mit dem gekrümmten Rücken umher, immer weiter ...

→ *Während die Wallfahrtsteilnehmer/innen in gekrümmter Haltung umhergehen, wird folgender Text in langsamen Tempo vorgelesen:*

L: Ich bin die gekrümmte Frau.
Ich fühle mich allein.
Ich fühle mich nicht gut.
Ich fühle mich krank.
Ich fühle mich so schwer.
Du aber, Jesus, du hältst zu mir.
Du aber, Jesus, du lachst mich nicht aus.
Du aber, Jesus, du bist ein Freund.

Du aber, Jesus, du legst deine Hände auf mich.
Du aber, Jesus, du heilst mich, du gibst mir Mut und richtest mich auf.

→ *Die Kinder sollen diese Haltung eine Zeit lang aushalten, anschließend einander „befreien", indem sie sich gegenseitig mit der Hand sanft über den Rücken streichen. Ein Kind beginnt, nach und nach richten sich alle auf.*

Gespräch

L: Wie hast du dich gefühlt? Hättest du es noch länger ausgehalten? Wie war es, „befreit" zu werden? Manche Menschen fühlen sich wie „gekrümmt", obwohl ihr Rücken gar nicht krumm ist. Sie fühlen sich wie „belastet". Kannst du dir vorstellen, was manche Menschen belastet?

L: Manche Menschen haben Sorgen und Kummer, haben Angst, fühlen sich ausgeschlossen und einsam. Das ist wie eine Last, die auf dem Menschen liegt und ihn krumm macht. Auch wenn wir es nicht sehen. Von Jesus kann ich lernen, dass ich mit offenen Augen auf meine Mitmenschen zugehen und sie mit dem Herzen betrachten soll. Manche Lasten, die einen anderen krumm machen, kann ich mit den Augen nicht sehen, aber mit dem Herzen spüren. Dann merke ich, wenn jemand Hilfe braucht, so wie Jesus es bei der Frau in der Geschichte gemerkt hat.

→ *Die Figur der gekrümmten Frau wird in den Bollerwagen gelegt.*

Give-away: Kinderpflaster

L: Wir haben immer die Möglichkeit, anderen zu helfen und so manche Wunden zu heilen. Das Kinderpflaster kann uns daran erinnern.

→ *Die Kinder bekommen als Symbol für diese Station ein Kinderpflaster überreicht.*

Lied: Wenn einer sagt (1. und 2. Strophe)

3. Wegstück

Wechselgebet: Guter Jesus, wir beten zu dir

L: Guter Jesus, wir beten zu dir. Du hast die Kinder gesegnet. Auch uns segnest du, wenn wir zu dir kommen. Lob sei dir.

A: Lob sei dir.

L: Guter Jesus, wir beten dich an. Du hast die Jünger berufen, den Weg mit dir zu gehen und deinen Spuren zu folgen. Wir dürfen deine Weggefährten sein. Lob sei dir.

A: Lob sei dir.

L: Guter Jesus, wir beten dich an. Du gehst auf Menschen zu, die keiner mag. Lob sei dir.
A: Lob sei dir.

L: Guter Jesus, wir beten zu dir. Du hast den Blinden geheilt, weil er nach dir gerufen hat. Auch auf unsere Bitten hörst du. Lob sei dir.
A: Lob sei dir.

L: Guter Jesus, wir beten zu dir. Du hast die gekrümmte Frau aufgerichtet. Sie konnte wieder aufrecht durch ihr Leben gehen und die Schönheit der Welt sehen. Auch uns richtest du auf, wenn wir mutlos und traurig sind.
A: Lob sei dir.

L: Guter Jesus, wir beten zu dir. Du hast den Menschen gezeigt, dass sie einander helfen, teilen und verzeihen sollen. Ohne dich wäre die Welt schlechter. Lob sei dir.
A: Lob sei dir.

L: Guter Jesus, wir beten zu dir. Beim letzten Abendmahl hast du dich im Brot geschenkt. Du bist immer bei uns. Lob sei dir.
A: Lob sei dir.

L: Guter Jesus, wir beten zu dir. Du bist am Kreuz gestorben und nach drei Tagen auferstanden. So kennst du auch alles, was schwer für uns ist. Wenn wir dir vertrauen, hilfst du uns, das Schwere zu tragen und wieder zur Freude zu finden.
A: Lob sei dir.

Lied: Wenn einer sagt

Abschlussandacht: Jesus braucht uns

Lied: Komm doch mit und sieh dir an (1. – 3. Strophe)

Begrüßung und Eröffnung

L: Liebe Kinder! Endlich am Ziel, das denken sich sicherlich jetzt viele von euch. Wir sind am Ende unserer Wallfahrt angekommen. Jetzt wollen wir zur Ruhe kommen. Beginnen wir unsere Abschlussandacht im Namen des +Vaters und des Sohnes und des Heiligen Geistes. Amen.

Rückbesinnung

→ *Zwei Kinder fahren den Bollerwagen mit Erzählfiguren herein.*

L: Danke, Kinder, dass ihr uns die Figuren bringt. Könnt ihr mir helfen, wer die Figuren sind?

→ *Die Kinder nehmen die Figuren und erzählen, was sie erinnern.*

L: All diese Menschen sind Jesus begegnet. Sie haben erlebt, wie großzügig er ist, wie er satt macht, wenn Menschen hungrig sind und wie er heilt und aufrichtet, wenn man sich ganz am Boden fühlt. Jetzt wollen wir noch einmal etwas über sein Leben erfahren. Aber diesmal in einer ganz ungewöhnlichen Art. Passt einmal auf:

Jesus-Rap

→ *Dieses Element sollte von einer Gruppe eingeübt werden, die aus mehreren Kindern und einem Jugendlichen oder Erwachsenen besteht. Der Jesus-Rap ist ein rhythmischer Sprechtext, zu dem im 4/4-Takt geklatscht wird. Man schlägt mit offenen Händen zwei Mal auf den Oberschenkel und klatscht ein Mal in die Hände. Kurze Pause. Dann wieder zwei Mal auf die Oberschenkel schlagen und ein Mal klatschen, kurze Pause, und so weiter. Der Rhythmus wird immer wiederholt und im Takt dazu gesprochen. Der Erwachsene gibt den Takt vor und übernimmt die „Führung" beim Sprechtext. Die Wörter bzw. Silben für die „Schenkelschläge" sind in der jeweiligen Zeile unterstrichen. Natürlich dürfen alle Anwesenden mitklatschen.*

Band: <u>Jesus wird</u> geboren und er <u>liegt auf</u> Stroh,
die <u>Menschen</u>, die sind <u>richtig</u> froh.

Sie <u>hoffen</u> auf einen <u>neuen</u> Herrn,
den <u>freundlichen</u> Jesus hat <u>jeder</u> gern.

Er <u>sucht sich</u> Jünger, 12 <u>an der</u> Zahl,
auf <u>einfache</u> Fischer fällt <u>seine</u> Wahl.

Er <u>heilt den</u> Blinden, macht sein <u>Leben</u> hell.
Beg<u>eister</u>ung macht sich <u>breit ganz</u> schnell.

Er <u>liebt die</u> Kinder, nimmt sie <u>gerne</u> an,
er <u>segnet</u> sie so<u>oft er</u> kann.

Die <u>Menschen</u>menge macht <u>Jesus</u> satt,
12 <u>Körbe</u> er noch <u>übrig</u> hat.

Die krumme Frau wird heil gemacht,
das hätte sie sich nie gedacht.

Doch manche Menschen mögen Jesus nicht,
beschimpfen ihn als Bösewicht.

Jesus wird verurteilt, ganz ungerecht,
auf dem Weg mit Kreuz geht's ihm richtig schlecht.

Doch Gott, sein Vater, lässt ihn nicht im Stich,
er erlöst ihn so wie dich und mich.

Jesus will heute unser Vorbild sein,
und dafür sind wir nicht zu klein.

Wir handeln wie er mit Herz und Hand.
Dazu hat er uns ausgesandt.

Kommt mit wir wollen viel bewegen,
Jesus gibt uns seinen Segen.

Stop!

Überleitung

L: Viele Menschen fragen sich manchmal, was sie tun müssen, um gute Christen zu sein. Diese Frage ist nicht leicht zu beantworten. In der Bibel aber gibt es eine Rede von Jesus, in der er erklärt, was in seinen Augen gutes und gerechtes Verhalten ist. Folgender Satz daraus kann uns eine große Hilfe sein:
Was ihr dem Geringsten meiner Brüder getan habt, das habt ihr mir getan. (Mt 25,40)

→ *Das Plakat mit dem Vers wird gezeigt/aufgehängt*

Gespräch

L: Jesus sagt: „Was ihr dem geringsten meiner Brüder getan hab, das habt ihr mir getan." Was meint er wohl damit? Wen meint Jesus denn mit „dem geringsten meiner Brüder"? Hast du heute vielleicht einige Leute kennen gelernt, die solche „geringen Brüder und Schwestern" waren? Schaut mal in den Wagen!

→ *Der Globus mit Wortkarte der aktuellen Jahreszahl wird gezeigt.*

L: Der Globus mit der Jahreszahl soll die Welt darstellen, in der wir heute im Jahr ... leben. Fallen dir auf unserer Erde Menschen ein, auf die Jesus sicher zugehen würde, weil sie Hilfe brauchen?
Nun, Jesus lebt nicht mehr als Mensch wie du und ich in unserer heutigen Welt. Er kann nicht mehr umhergehen, um den Menschen beizustehen, die ihn brauchen. Aber sie müssen nicht ohne Hilfe bleiben. Wir alle, du und ich, jeder kann wie Jesus aufrichten, helfen und unterstützen. Das ist die Aufgabe, die Jesus uns gestellt hat.

Lied: Suchen und Fragen

Fürbitten

L: Wir wollen gemeinsam zu Jesus Christus beten und ihm unsere Bitten vortragen. Als Antwort auf unsere Bitten singen wir den Liedruf ‚So spricht Gott sein Ja, so stirbt unser Nein'.

Kind 1: Guter Gott, wenn ein Mensch in Not, krank, verletzt oder traurig ist, wenn ein Mensch hungrig oder durstig bleibt, dann schenke uns Augen, die sehen, und Hände, die helfen.

Kind 2: Guter Gott, wir bitten dich für die Menschen, die sich für uns einsetzen. Unsere Eltern, Lehrer/innen, Erzieher/innen und viele mehr. Schenke ihnen Kraft, wenn sie einmal mutlos sind.

→ *Weitere Bitten können frei vorgetragen werden.*

L: All unsere Bitten, die ausgesprochenen und die unausgesprochenen, wollen wir in dem Gebet zusammenfassen, das Jesus uns beigebracht hat.

Vater unser

Segen

L: Gott segne uns.

→ *Die Teilnehmer/innen halten die Hände über die Köpfe der Nachbarn/innen.*

Er gebe uns Liebe, damit wir einander beistehen können.

→ *Die Teilnehmer/innen legen die Hände auf die Rücken der Nachbarn/innen.*

Er gebe uns Mut und schenke uns Kraft, damit
wir die Menschen, die unsere Hilfe benötigen,
nicht aus den Augen verlieren.

→ *Die Teilnehmer/innen reichen einander die Hände.*

So segne uns der barmherzige Gott, +der Vater und der Sohn und der Heilige Geist. Amen.

Give-away: Kleine Kreuzchen

Lied: Halte zu mir, guter Gott

Mit allen Sinnen unterwegs – Eine Wallfahrt für Kinder im Vor- und Grundschulalter

Vorbemerkung

Wir leben in einer sehr lauten und schnellen Zeit. Jeden Tag strömen viele Bilder und Geräusche auf uns ein. Unsere Kühlschränke sind gefüllt mit einem Feuerwerk an verschiedenen Geschmäcken. Die Luft in unseren Lebensräumen ist erfüllt von unzähligen Gerüchen. Dies sind viel mehr Informationen als unsere Sinne verarbeiten können. Kein Wunder, dass bei vielen Menschen, vor allem bei Kindern, eine Art „Abstumpfung“ festzustellen ist. Manche Sinnesreize werden gar nicht mehr wahrgenommen.

Die folgende Wallfahrt versucht, diese Problematik aufzugreifen und ihr ein Stück weit entgegenzuwirken. Durch Übungen werden die Sinne angesprochen und geschärft. Es wird zu einem bewussten Wahrnehmen der Umwelt motiviert und ermutigt, seine Sinne wieder gezielter einzusetzen. Die Sinne Sehen und Hören, Riechen und Schmecken werden an den Stationen angesprochen und thematisiert, das Fühlen wird zu einem Element der Abschlussandacht. Für die Gestaltung der Abschlussandacht enthält das Modell zwei Vorschläge je nach Alter der Teilnehmer/innen. In einzelnen Gebeten, in Liedern und unterwegs kommt Gott als Schöpfer allen Lebens zur Sprache. Auf eine biblische Geschichte wurde zugunsten der Geschichte bzw. der Meditation in der Abschlussandacht verzichtet. Das Einfügen einiger Verse aus der Schöpfungsgeschichte oder die Geschichte von Elija, der erst in einem leisen Windhauch Gott spüren konnte (1Kön 19,11-12), wäre natürlich denkbar. Den Charakter einer Wallfahrt erhält dieses Konzept durch das pilgernde Beten und das Schmücken eines „Heiligtums“ im Rahmen der dritten Station. „Mit allen Sinnen unterwegs“ ist ein Modell, das sich für Kinder im Vor- und Grundschulalter eignet, aber auch Erwachsene finden Freude an den Übungen und anschaulichen Texten.

Material

- ☐ Vortragekreuz
- ☐ Fähnchen
- ☐ Lied-/Gebetzettel
- ☐ Gefäße mit verschiedenen Düften (zum Beispiel Essig, Zitronensaft, Pfefferminze, Zimt, Duftöl …)
- ☐ Korb mit kleinen Brotstücken
- ☐ Abschlussandacht mit jüngeren Kindern:
  - größere Stoffmaus
  - kleine Wollmäuse (eventuell im Haustierbedarf nachfragen)
- ☐ Abschlussandacht mit Grundschulkindern:
  - kleine Handspiegel (über einen Werbemittelversand günstig zu beziehen)
  - CD-Player mit Meditationsmusik

Abkürzungen

L = Leitung
E = Erzähler/in
V = Vorbeter/in

1. Station: Riechen und Schmecken

Begrüßung und Einführung

L: Zu unserer Wallfahrt möchten wir euch alle herzlich begrüßen. Wir möchten uns gemeinsam auf den Weg nach ... /zur Kirche ... machen. Unterwegs wollen wir gemeinsam einiges hören, sehen und erleben. Das meine ich wörtlich. Wir wollen uns nämlich mit unseren Sinnen beschäftigen. Kannst du sie aufzählen? Es sind fünf. Gott hat uns Menschen mit unseren Sinnen geschaffen. Wir können durch sie unsere Welt entdecken. Wir brauchen sie zum Leben. Heute wollen wir einmal genau auf sie achten. Beginnen wir unseren gemeinsamen Weg im Namen des +Vaters und des Sohnes und des Heiligen Geistes. Amen.

Lied: Du hast uns deine Welt geschenkt (Strophen 1-3)

Übungen

Riechen:

L: Mit unserer Nase können wir riechen. Wir Menschen können etwa 350 verschiedene Gerüche voneinander unterscheiden. Manche Tiere, zum Beispiel ein Hund, schaffen mehr als 1000 Gerüche. Es gibt aber auch Menschen, die noch viel mehr als 350 Gerüche unterscheiden können, zum Beispiel Leute, die Weine testen oder Parfums herstellen. Auf jeden Fall ist unser Geruchsinn eine tolle Sache! Wir wollen ihn nun mal ausprobieren.
Schließe einmal die Augen und atme tief durch die Nase ein ... und wieder aus. Wiederhole es noch einmal: Einatmen ... Ausatmen ...

Gespräch

L: Was hast du gerochen?

Spielerische Vertiefung

L: Wir haben für euch verschiedene Dinge vorbereitet, die ihr riechen könnt. Wir werden jetzt zu jeder und jedem von euch kommen und euch riechen lassen. Wenn du einen Duft erkennst, behalte es noch für dich. Zum Schluss der Übung wollen wir gemeinsam die Düfte sammeln. Schließt jetzt bitte die Augen!

→ *Mitglieder des Wallfahrtsteams gehen mit verschiedenen Düften durch die Reihen der Teilnehmer/innen und lassen sie an den Düften riechen.*

Gespräch

L: Welchen Duft hast du erkannt?

Schmecken

→ *Die Leitung zeigt einen Korb mit kleinen Brotstückchen.*

L: Kannst du dir vorstellen, mit welchem Sinn wir uns jetzt beschäftigen wollen?
Kannst du beschreiben, wie ein Brot schmeckt?
Es ist schwer, Geschmack zu beschreiben, aber vielleicht kommen wir der Frage näher, wenn wir mit diesem frischen Brot etwas anderes machen.
Weißt du was ich meine?
Jeder bekommt nun ein Stückchen Brot. Bitte nimm es erst dann in den Mund, wenn alle Kinder ein Brot haben. Ich sage, wenn es soweit ist.

→ *Die Leitung verteilt das Brot.*

L: Nimm das Brot jetzt in den Mund. Kaue ganz langsam. Schlucke es nicht gleich hinunter, sondern lass das Brot auf der Zunge zergehen.
Was schmeckst Du? Verändert sich der Geschmack, je länger du kaust?

Lied: Augen, Ohren, Nase (Strophen 3-4)

Wallfahrersegen

Guter Gott, wir machen uns jetzt auf den Weg. Wir wollen gemeinsam gehen. Dabei werden wir deine Spuren in der Natur sehen und den Klang deiner Schöpfung hören. Uns wird frischer Wind um die Nase wehen und wir werden auf den Geschmack kommen, mehr von dir und der Welt zu erfahren. Gib uns Kraft, wenn die Beine müde werden und schenke uns eine gute Weggemeinschaft. Dazu segne uns du, lieber Gott, der +Vater und der Sohnes und der Heilige Geist. Amen.

1. Wegstück

Litanei zur Schöpfung

L: Herr, du hast alles so wunderbar geschaffen. Wir loben dich. **A:** Wir preisen dich!

L: Du hast das riesige Weltall geschaffen. Wir loben dich ...
Du hast die Sterne entstehen lassen ...
Du hast uns die Erde geschenkt ...
Du hast die gewaltigen Gebirge aufgerichtet ...
Du hast das Wasser und die Meere erschaffen ...

Du lässt Pflanzen, Bäume und Blumen wachsen ...
Du hast den Tieren Raum zum Leben gegeben ...
Du schenkst uns Mitmenschen und Freunde ...
Die Menschen dürfen neues entdecken und erfinden ...
Wir dürfen deine Kinder sein ...
Wir dürfen deine Wege gehen ...
Wir dürfen immer zu dir kommen ...

Für all das und so vieles mehr wollen wir danke sagen.
Deshalb antworten wir auf die nächsten Rufe: Großer Gott wir danken dir!

L: Dass wir ein Zuhause haben ... **A:** Großer Gott, wir danken dir!
Dass wir etwas lernen dürfen ...
Dass wir Freunde haben ...
Dass wir Ferien haben ...
Dass wir Eltern haben ...
Dass wir nicht alleine sind ...
Das wir Gefühle haben ...
Dass wir lachen und weinen können ...
Dass wir Augen haben zum Sehen ...
Dass wir Ohren haben zum Hören ...
Dass wir Lippen haben zum Sprechen ...
Dass wir Füße haben zum Gehen ...

Lied: Du hast uns deine Welt geschenkt (Strophen 4-6)

2. Station: Sehen und Hören

Lied: Herr gib Ohren dich zu verstehen

Übungen

Sehen

L: Schau dich einmal um. Lass deine Augen langsam wandern, zunächst in die Ferne: Du siehst vielleicht zuerst die großen Bäume, die Büsche, Häuser, die Straße ... Schau dir alles in Ruhe an.

→ *(Pause)*

Komme jetzt mit deinen Augen näher. Du siehst Gräser, Blumen, kleine Blumen, die zwischen den Gräsern hervorspitzen. Bewegt sich da etwas? Krabbelt dort ein Käfer? Eine Ameise? Fliegt dort eine Biene von Blüte zu Blüte? Stehen die Gräser still? Oder bewegt sie der Wind? Welche Farbe hat das Gras.? ...
Schau dir alles in Ruhe an.

→ *(Pause)*

Sieh' in den Himmel: Hebe nun den Kopf und wende deine Augen zum Himmel. Du siehst Wolken. Sie ziehen am Himmel entlang. Wohin ziehen die Wolken? Erinnert dich ihre Form an etwas? An ein Schäfchen? An ein Auto? ...
Schau dir den Himmel in Ruhe an.

→ *(Pause)*

Strahlt die Sonne heute? Spürst du die warmen Strahlen auf deiner Haut? Oder ist die Sonne hinter Wolken versteckt? Siehst du Schatten? Siehst du deinen eigenen Schatten?

→ *(Pause)*

Hören

L: Vieles hast du gesehen. Jetzt schließe deine Augen. Wenn man die Augen schließt, kann man nämlich besonders gut hören. Schließe die Augen und horche einmal.

→ *(Pause)*

Gespräch

L: Du hast Vieles gesehen. Was hat dir am besten gefallen? Was hat dich beeindruckt? Du hast Vieles gehört. Kannst du dich erinnern, was du alles gehört hast?

Spielerische Vertiefung

Ein Mitglied aus dem Vorbereitungsteam macht verschiedene Geräusche (zum Beispiel Reißverschluss aufziehen, mit den Fingern schnalzen, Wasserflasche öffnen). Die Kinder sollen genau zuhören und dürfen raten.

Lied: Augen, Ohren, Nase (Strophen 1+2)

Aufgabe

L: Wenn wir jetzt weitergehen, dann schau dich mit deinen Augen genau um. Wenn du eine schöne Blume, ein Blatt, einen kleinen Stein oder etwas anderes aus der Natur entdeckst, das dir gefällt, dann darfst du es für unsere nächste Station mitnehmen.

TIPP: Weisen Sie auf geschützte Pflanzen hin. Lebende Tierchen sind zwar niedlich, möchten aber vermutlich nicht an der Wallfahrt teilnehmen. Auch die Blumen in Vorgärten und Blumenkästen sind tabu!

2. Wegstück

Gebet: Lieber Gott ich danke dir

V: Lieber Gott, ich danke Dir,
weil du mich so reich beschenkst.
Deine Gaben möcht ich teilen,
der du meine Schritte lenkst.

Augen hast Du mir gegeben,
dass ich alles sehen kann.
Blumen, Menschen, Tiere, Sterne,
selbst die Berge in der Ferne.

Ohren hast Du mir gegeben,
dass ich alles hören kann.
Lausche Vögeln, hör den Wind,
danke sagt dir, Herr, Dein Kind.

Hände hast Du mir gegeben,
spüre Wasser Holz und Sand,
weiches Fell, die leichte Feder,
die ich heut am Wegrand fand.

Füße hast Du mir gegeben.
Lenke Herr Du meinen Schritt.
Führ mich zu den andern Menschen.
Geh auf meinen Wegen mit.

Lied: Herr, gib Ohren, dich zu verstehen

3. Station: Wir schmücken ein „Heiligtum“

→ Diese Station sollte an einem Wegkreuz, einer Marienfigur oder einem Bildstock stattfinden. Die Kinder dürfen das Heiligtum im Verlauf der Station mit ihren Blumen schmücken. Falls kein passendes „Heiligtum“ auf dem Weg vorhanden ist, können Sie improvisieren, indem Sie eine Figur postieren. Zu Beginn der Station werden Blumen an die Kinder verteilt.

Ankommen und Betrachten des „Heiligtums“

→ Die Leitung betrachtet das Heiligtum mit den Kindern.

L: Wir sind hier am ... angekommen. Vielen Menschen bedeutet dieser Ort sehr viel. Sie betrachten, beten, kommen zu Ruhe. Hier fühlen sie sich Gott ganz nahe. Man sagt, der Ort hat etwas Heiliges für die Menschen. Deshalb schmücken sie diesen Ort mit Blumen oder Kerzen. Was siehst du? Was ist dargestellt? Was gefällt dir daran?

Aktion

L: Auch wir dürfen diesen Ort jetzt mit Blumen schmücken und ihn zu einem besonderen Ort für uns machen.

→ Die Kinder dürfen einzeln mit ihren Blumen und Blättern das „Heiligtum“ schmücken. Dabei werden die für diese Wallfahrt geübten Lieder nach Bedarf angestimmt.

Abschluss

Das geschmückte „Heiligtum“ wird gemeinsam betrachtet. Die Leitung beendet die Station mit einem freien Gebet.

3. Wegstück

Psalm 23

→ Der Kehrvers wird nach jedem Vers wiederholt.

V/A: Gott ist wie ein guter Hirte

1. Gott ist wie ein guter Hirte,
er sorgt dafür, dass ich zum Leben habe, was ich brauche.
2. Er beschützt mich wie ein Hirte seine Schäfchen schützt.
Kein Unheil soll mir geschehen.
3. Er schenkt mir Augen und Ohren,
damit ich mich an der Welt erfreuen kann.
4. Er schenkt mir eine Nase und einen Mund,
damit ich Geschmack finde am Leben.

5. Er leitet meine Schritte und sorgt dafür,
dass ich die rechten Wege finde.
6. Wenn ich mich allein fühle und Ängste mich quälen,
dann darf ich vertrauen: Gott ist bei mir
und hält seine schützende Hand über mich.
7. Er sorgt dafür, dass ich zu Essen und zu Trinken habe
und lehrt mich, zu teilen.
8. Gottes Liebe wird mich begleiten,
seine Nähe mich trösten,
seine Botschaft mich ermutigen,
mein Leben lang.
9. Er hat mir diese Erde als mein Zuhause geschenkt,
damit ich sorgsam damit umgehe.
10. Er hat mich als sein Bild geschaffen,
damit ich wie er den Menschen wie ein guter Hirte bin.
11. Ehre sei dem Vater und dem Sohn
und dem Heiligen Geist,
heute und in Ewigkeit. Amen.

V/A: Gott ist wie ein guter Hirte.

Lied: Du hast uns deine Welt geschenkt

Abschlussandacht: Lass deine Seele groß sein!

Lied: Komm herein und nimm dir Zeit (Strophen 1-3)

Begrüßung und Eröffnung

L: Wir sind am Ende unserer Wallfahrt angekommen. Jetzt wollen wir zur Ruhe kommen und uns noch einmal im wahrsten Sinn des Wortes Be-Sinnen. Beginnen wir unsere Abschlussandacht im Namen des +Vaters und des Sohnes und des Heiligen Geistes. Amen.

Möglichkeit A:
Für Pilgergruppen, die vorwiegend aus jüngeren Kindern bestehen.

Geschichte: Die kleine Maus mit der großen Seele

→ *Die Leitung zeigt eine kleine Stoffmaus.*

L: Wir hören eine Geschichte. Die handelt von solch einer kleinen Maus. Auch sie hat viele Erfahrungen mit dem Hören und Sehen, mit dem Schmecken und dem Riechen gemacht:

Unter den vielen Tieren der Schöpfung lebte eine kleine Maus mit einem ganz großen Herz. Sie konnte alles sehr genau wahrnehmen. Manchmal meinte die kleine Maus, sie wäre ein einziges Ohr. Und immer dann, wenn sie so ganz Ohr war, wünschte sie sich einen Berg von Watte, um nichts mehr hören zu müssen. Denn was sie hörte, machte ihr Angst. Sie fürchtete sich vor dem Straßenlärm, vor lauten Fernsehern und klingelnden Handys. Sie hörte die Menschen manchmal gut miteinander reden, aber auch viele böse Worte. Manchmal meinte die kleine Maus, sie wäre ein einziges Auge. Immer wenn sie so ganz Auge war, wünschte sie sich einen Berg von Tüchern, um nichts mehr sehen zu müssen. Denn was sie sah, machte ihr manchmal Angst. Sie sah, dass viele Menschen ihren Müll einfach in die Natur warfen. Sie bedauerte die vielen Tiere, mit denen die Menschen nicht gut umgingen. Sie sah, dass viele Menschen einfach wegschauten, wenn ein anderer ihre Hilfe brauchte. Manchmal meinte die kleine Maus, sie wäre eine einzige Nase. Und immer wenn sie so ganz Nase war, wünschte sie sich ein Fass voll Parfüm, um nichts mehr riechen zu müssen. Denn was sie roch, machte ihr Angst. Jedes Mal, wenn sie an den Mülltonnen der Menschen vorbeilief, stieg ihr der Geruch von Essen entgegen, das die Menschen einfach wegwarfen. Auch der Gestank der vielen Autos auf der Straße, der Rauch aus den Kaminen der Fabriken stieg der kleinen Maus die Nase hoch und ängstigte sie. In ihrer großen Angst ging die kleine Maus zum Schöpfer: „Lieber Gott", sagte sie, „ich habe schreckliche Angst. Ich höre alles, ich sehe alles, ich rieche alles, warum ist das so?" Und Gott sagte: „Du, meine liebe kleine Maus, siehst, hörst, riechst so Vieles, was die Menschen gar nicht mehr wahrnehmen. Weil du es aber bemerkst, kannst du sie darauf aufmerksam machen. Dafür brauche ich und brauchst du dein großes Herz, mit dem du alles begreifst." Glücklich ging die kleine Maus mit dem großen Herzen wieder nach Hause; jetzt wusste sie, dass sie wichtig war und voller Kraft.

(nach einer Fabel von Peter Spangenberg; www.p-spangenberg.de)

Gespräch

L: Du hast diese Maus kennengelernt. Du darfst nun in die Rolle der Maus schlüpfen. Was könnte sie von sich erzählen? Du darfst vorkommen und die kleine Maus in deine Hand nehmen. Beginne deinen Satz mit: „Ich bin die kleine Maus. Ich ..."

→ *Einige Kinder erzählen die Geschichte spielerisch nach.*

Zusammenfassung

L: Die kleine Maus hat es nicht immer leicht mit ihrem großen Herz. Sie nimmt vieles wahr, was wir Menschen gar nicht mehr spüren, weil wir uns daran gewöhnt haben oder weil wir es schlicht nicht mehr merken. Aber die Maus, sie kann es. Und Gott sagt zu ihr: Deine Fähigkeiten sind wichtig, zeige sie den Menschen! Die Maus soll uns ermutigen, dass auch wir wieder genau hinschauen und hinhören.

Versuche einmal in der kommenden Zeit, deine Sinne wieder bewusster einzusetzen. Du wirst merken: Es gibt unendlich viel Schönes, an dem du dich freuen kannst. Es wartet nur darauf, von dir entdeckt zu werden. Allerdings gibt es auch Dinge, die nicht gut sind und die du vielleicht verbessern kannst. Dazu musst du sie aber erst einmal wahrnehmen. Öffne Augen und Ohren, Nase und Mund ... und du wirst erstaunt sein, was du alles entdecken wirst.

Lied: Augen, Ohren, Nase (Strophen 5+6)

Aktion

→ *Kleine Wollmäuse werden verteilt. Die Kinder dürfen sie befühlen.*

Möglichkeit B:
Für Pilgergruppen mit vielen älteren Kindern und Erwachsenen.

Meditation: Mein Gesicht – Spiegel meiner Seele

→ *Für diese Meditation geben Sie jedem/r Teilnehmer/in einen kleinen Spiegel in die Hand. Lesen Sie den Text langsam vor und machen Sie Pausen. Als hilfreich hat sich leise Meditationsmusik im Hintergrund erwiesen. In dieser Meditation wird auch unser fünfter Sinn, das Tasten und Fühlen, angesprochen.*

L: Ich sehe meine Augen,
Augen, die fragend und neugierig schauen können.
Augen, die funkeln und strahlen können vor Freude,
aber auch Augen, die sicher schon öfters geweint haben.
Ich streiche mir, wenn ich mag, mit einer Hand sanft über die Augen.
Ich fühle meine Wimpern, meine Augenbrauen und die zarten Augenlider.

Ich betrachte meinen Mund,
die Lippen, die entspannt und gelassen aufeinander liegen,
die sich aber auch öffnen, wenn ich staune oder erschrecke.
Mein Mund, der sicher schon vor Wut oder Enttäuschung verbittert
zusammengekniffen war, vielleicht vor Wut oder vor Freude schon laut geschrien hat.
Lippen, die sich in ein Lächeln verwandeln können oder laut und befreit lachen.
Ich streiche mir, wenn ich mag, sanft über die Lippen.
Ich spüre, wie weich und verletzlich sie sind.

Ich fühle meine Stirn,
die glatt und entspannt sein kann, aber auch gerunzelt,

wenn ich scharf nachdenke,
wenn ich etwas nicht verstehe,
vielleicht etwas nicht verstehen kann oder will.
Ich streiche mir, wenn ich mag, sanft über die Stirn.
Ich spüre die Wärme meines Körpers.

Ich betrachte meine Nase,
die ich stolz nach oben recken kann,
die oft glücklich Richtung Sonne zeigt,
die aber auch schon oft Bekanntschaft
mit Bodennähe gemacht hat.
Ich ertaste meine Nase.
Sie hat eine einzigartige Form.

Ich sehe meine Ohren,
die schon so viel Schönes gehört haben: das Singen der Vögel,
schöne Musik, das Rauschen von Bäumen,
liebe Worte, die mir jemand gesagt hat,
aber auch Trauriges oder Verletzendes.
Ich fasse an eines meiner Ohren.
Ich kann die Berührung hören.

Ich betrachte meine Wangen,
die schon so vieles gespürt haben:
ein Streicheln, einen Kuss, sanften Frühlingsregen,
aber auch Schmerzhaftes fühlen mussten:
klirrende Kälte, peitschende Zweige, Hagelkörner…
Ich streiche mir sanft über die Wangen.
Jede Wange bis hinunter zum Kinn.

Mein Gesicht,
das so viel ausdrücken kann,
so viele Gefühle, die sich darin spiegeln,
so viele Gedanken, die Menschen, die uns sehr vertraut sind, daran ablesen können
– nicht umsonst nennt man das Gesicht den Spiegel der Seele.[11]

Lied: Komm herein und nimm dir Zeit (Strophen 4-5)

---

11 Aus: Jutta Schnitzler-Forster, ... und plötzlich riecht's nach Himmel. Religiöse Erlebnisräume auf Freizeiten und in Gruppen. © Schwabenverlag AG, Ostfildern 1995, verlagsgruppe-patmos.de.

Altersunabhängige Elemente der Abschlussandacht

L: Wir haben auf unserem Weg viele Dinge wahrgenommen. Sie alle kommen von Gott. Zu ihm, dem Schöpfer allen Lebens, wollen wir im Vater unser rufen.

Vater unser

Segenswunsch

L: Der Herr segne deine Hände,
dass sie entdecken und spüren können,
dass ihnen die Kraft zu segnen und zu trösten gegeben wird.
Der Herr segne deine Augen,
dass sie die Umgebung und die Natur wahrnehmen,
dass sie das Unsichtbare nicht übersehen,
Der Herr segne deine Ohren,
dass sie hellhörig sind für Stimmen in der Not und
dass sie das Unbequeme nicht überhören.
Der Herr segne deinen Mund,
dass er sprechen und sich mitteilen lernt,
dass du durch dein fröhliches Lachen andere erfreust.
Der Herr segne dein Herz,
dass es Wärme bergen und schenken kann,
dass es Leid und Freude teilen kann.
Gottes Segen leuchte dir auf deinem Weg wie das Feuer in der Nacht.
Geh im Segen, wohin dein Weg dich auch führt.

(aus Irland)

Lied: Gottes guter Segen sei mit euch

Unser Leben: bunt wie ein Regenbogen – Eine Wallfahrt für Kinder im Grundschulalter

Vorbemerkung

Im Mittelpunkt dieses Konzeptes steht das Symbol des Regenbogens, das im Laufe der Wallfahrt auf verschiedene Art und Weise gedeutet und auf das menschliche Leben übertragen wird. Die Wallfahrt wurde mit Kindern im Vor- und Grundschulalter durchgeführt. Die Geschichte vom „Streit der Farben" stellt heraus, dass alle Farben in ihrer Verschiedenheit wichtig und wertvoll sind. Dieser Gedanke wird zum Bild für ein gelingendes menschliches Zusammenleben: Jeder Mensch ist anders. Diese Vielfalt macht unser Leben bunt. Die zweite Station lenkt die Gedanken der Teilnehmer in die eigene Gefühlswelt. Auch Emotionen können in Farben ihren Ausdruck finden. Anschaulich gestaltet wird dies in einer „Sonne der Gefühle" aus bunten Tüchern. Die Abschlussandacht greift die Erkenntnisse und Erfahrungen der beiden Stationen auf und bringt sie in Zusammenhang mit der biblischen Erzählung vom Ende der Flut (Gen 6,5-9.17). Darin symbolisiert der Regenbogen den Bund zwischen Gott und Noah. Er ist Zeichen der Versöhnung.
Gott spannt eine Brücke zu uns. Diese Brücke ist bunt. Gott sagt damit Ja zu uns Menschen und unserem Leben mit all seinen Licht- und Schattenseiten. Umgekehrt können wir Menschen im Regenbogen eine Brücke von der Erde zum Himmel erkennen, die uns in prächtiger Weise zeigt, wie groß Gottes schöpferische Kraft ist.

Material

- ☐ Lied-/Gebetsheft
- ☐ Stoffbahnen in Regenbogenfarben
- ☐ Bunte Tücher (rot, orange, gelb, grün, blau, lila)
- ☐ Wortkarten, auf denen Gefühlsregungen notiert sind
- ☐ Regenbogenband mit blauer Perle
- ☐ Meditationsbildchen Sieger Köder „Das Ende der Flut“[12]
- ☐ Minibücher „Was ist deine Lieblingsfarbe“[13]

Abkürzungen

L = Leitung
V = Vorbeter/in
E = Erzähler/in

12 Erhältlich zum Beispiel unter www.versacrum.de. 100 Exemplare des 4-seitigen Heftchens (Bild, Text und Gebet) sind für ca. 9,50 Euro erhältlich (Stand September 2013).

13 Erhältlich unter www.marburgermedien.de.

1. Station: Unser Leben ist bunt

Begrüßung

L: Zu unserer Wallfahrt möchten wir euch alle herzlich begrüßen. Wir wollen uns gemeinsam auf den Weg nach ... /zur Kirche von ... machen. Wir wollen singen und beten, Geschichten hören und miteinander sprechen. Gott begleitet uns auf unserem Weg. Ihn wollen wir begrüßen, indem wir gemeinsam das Kreuzzeichen machen. Im Namen des +Vaters, und des Sohnes und des Heiligen Geistes. Amen.

Lied: Von oben, von unten

Hinführung und Aktion

→ *Die Leitung zeigt den Teilnehmer/innen die Stoffbahnen in Regenbogenfarben*

L: Wir haben euch heute etwas mitgebracht. Farbige Tücher in rot, orange, gelb, grün, blau, lila. Damit kann man etwas ganz Tolles machen, zum Beispiel einen Regenbogen gestalten.
Ein Regenbogen entsteht immer dann, wenn es regnet und gleichzeitig die Sonne scheint. Dann reflektieren die Regentropfen das Sonnenlicht in vielen bunten Farben. Dabei gibt es eine bestimmte Reihenfolge, welche Farbe sich zuerst und welche sich zuletzt zeigt. Kennst du die Reihenfolge? Ob wir es schaffen, die Farben in der richtigen Reihenfolge zu legen?

→ *Die Tücher werden in der richtigen Reihenfolge (rot, orange, gelb, grün, blau, lila) auf die Erde gelegt.*

Übung

L: Nicht nur der Regenbogen ist bunt, sondern auch alles, was uns umgibt. Sieh dich einmal um. Vielleicht entdeckst du die Farben des Regenbogens auch hier in der Umgebung.

→ *Die Kinder nennen den Gegenstand, den sie entdeckt haben und seine Farbe.*

Geschichte: Der Streit der Farben

L: Das Thema unserer Wallfahrt lautet „Unser Leben – bunt wie ein Regenbogen". Was ein Regenbogen ist und wie er entsteht, wisst ihr jetzt. Aber: Was hat unser Leben mit dem Regenbogen zu tun? Das wollen wir heute gemeinsam überlegen. Es gibt eine Geschichte, die uns dabei helfen kann. Sie heißt: Der Streit der Farben. Hört einmal genau zu.

→ *Die Leser/innen der Farben können farblich abgestimmte Kleidung tragen oder sich ein entsprechendes Tuch um die Schultern legen. Gegen Ende der Geschichte stellen sie sich auf den Regenbogen am Boden. Der Regen kann mit Seifenblasen dargestellt werden.*

E: Es war einmal vor langer Zeit, da fingen alle Farben auf der Welt einen Streit an. Jede behauptete, die beste, die wichtigste und die nützlichste Farbe zu sein. Das Grün sagte:

Grün: Ganz klar, dass ich die wichtigste Farbe bin. Ich bin die Farbe des Lebens und der Hoffnung. Ich bin für die Wiesen, Bäume und die Blätter ausgewählt. Ohne mich würden alle Tiere sterben. Schaut mal auf die Erde, alles ist mit meiner Farbe bedeckt.

E: Da fiel ihm das Blau ins Wort.

Blau: Du denkst nur an die Erde, aber sieh einmal den Himmel und das Meer an. Das Wasser ist die Grundlage des Lebens. Das Blau des Himmels gibt den Menschen Ruhe und Gemütlichkeit und ohne die Ruhe taugt ihr anderen Farben nichts.

E: Da fing das Gelb an zu kichern.

Gelb: Macht ihr Witze? Ich bringe Lachen, Fröhlichkeit und Wärme in die Welt. Ich bin die Farbe der Sonne, des Mondes und der Sterne. Ohne mich würdet ihr alle erfrieren. Und über eine leuchtend gelbe Sonnenblume freut sich jeder von euch.

E: Das Orange fiel ihm ins Wort.

Orange: Und ich? Ich bin die Farbe der Gesundheit und der Kraft. Ich mag wohl selten vorkommen, doch bin ich wertvoll. Denkt mal an Orangen, Karotten und Kürbisse. Vergesst auch nicht, dass ich die Farbe bin, die beim Sonnenaufgang und Sonnenuntergang dem Himmel die schöne Farbe gibt.

E: Das Rot konnte sich nicht mehr halten.

Rot: Ich bin euch allen überlegen! Ich bin die Farbe des Blutes! Kann es das Leben ohne Blut geben? Ich bin die Farbe des Mutes und des Feuers. Ich bin die Farbe des Herzens und der Liebe. Ohne mich wäre diese Welt vollkommen leer.

E: Da erhob das Violett seine Stimme, viel ruhiger als die anderen, jedoch nicht weniger entschlossen.

Violett: Euch allen überlegen bin ich. Ich bin die Farbe der Könige und Führer und des Vermögens. Ich stehe für das Nachdenken und Überlegen, für das Gebet und den inneren Frieden.

E: Und so wurde der Streit der Farben immer lauter. Jede Farbe war davon überzeugt, die beste zu sein. Plötzlich zuckte am Himmel ein strahlend weißer Blitz auf. Dann donnerte es heftig und es begann wie aus Eimern zu regnen. Ängstlich drängten sich die Farben aneinander. Da sprach der Regen:

Regen: Ihr dummen Farben, was soll denn dieser Streit unter euch. Wisst ihr denn nicht, dass Gott jede von euch für einen bestimmten Zweck erschaffen hat? Ihr seid alle verschieden und einzigartig. Und Gott liebt euch alle gleich.

E: Daraufhin schämten sich die Farben sehr. Gemeinsam stiegen sie zum Himmel auf und ordneten sich in einer Bogenform an. Der Regen sagte:

Regen: Von jetzt an werdet ihr bei jedem Regen gemeinsam als eine Farbenpracht den ganzen Himmel überziehen. Und die Menschen werden Ruhe und Stärke empfinden, wenn sie euch sehen. Der Bogen, den ihr spannt, soll ein Zeichen Gottes sein. Er will, dass alle Menschen sich gegenseitig lieben und schätzen, so wie sie sind. Denn so wie euch Farben, hat Gott auch die Menschen einzigartig und wunderbar geschaffen.

© Shiralee Cooper

Gespräch über die Geschichte:

L: Die Farben sind mächtig in Streit geraten. Jede wollte die beste sein.
Auf einmal sind sie erschrocken und bekamen Angst.
Aber es war gut, dass der Regen kam. Er erklärte ihnen nämlich etwas ganz wichtiges. Weißt Du noch, was das war?
Zum Schluss entstand etwas Wunderschönes, ein Regenbogen. Auch bei uns Menschen ist es oft so, dass jeder der oder die Beste sein will. Geht es euch im Kindergarten oder in der Schule auch manchmal so?

Zusammenfassung:

L: Auch wir Menschen sind wie Farben. Jeder ist verschieden und einzigartig. Und jeder Mensch ist wertvoll, so, wie er ist. So hat uns Gott geschaffen. Der eine kann gut malen, die andere gut singen, ... *(weitere Beispiele).* Wenn wir unsere Fähigkeiten gut einsetzen, dann wird unser Leben bunt wie ein Regenbogen.

Überreichung des „Wallfahrerbandes“

→ *Die Wallfahrtsteilnehmer/innen erhalten ein Band in Regenbogenfarben und mit blauer Perle (als Symbol für den Regen).*

Wallfahrersegen

L: Gott, der Herr segne uns für unseren Weg. Er stärke unsere Füße, damit sie leichten Schrittes gehen. Er schenke uns eine gute Gemeinschaft für den Weg, der vor uns liegt, und alle Wege unseres Lebens. Er öffne unsere Herzen, damit wir erkennen, dass auch wir wie ein bunter Regenbogen sind, in dem jede Farbe wichtig und wertvoll ist. Dazu segne uns der freundliche und gute Gott, der +Vater, der Sohn und der Heilige Geist. Amen.

1. Wegstück

Lied: Unser Lied nun erklingt

Gebet: Herr, mein Gott, wie groß bist Du

V: Herr, mein Gott, wie groß bist du!
Du spannst den Himmel aus wie ein Zelt.
Du lässt das Wasser hervorsprudeln.
Du lässt das Gras wachsen für die Tiere,
auch Pflanzen für den Menschen.
Du hast den Mond gemacht,
die Sonne weiß, wann sie untergeht.
Herr, wie zahlreich sind deine Werke!

Guter Gott, du hast uns mit deiner Welt auch viele Farben geschenkt:
Die Farben machen unsere Welt bunt und fröhlich.
Guter Gott, wir danken dir.
Jede Farbe ist schön und wichtig.
Alle haben ihre eigene Bedeutung.
Guter Gott, wir danken dir.

Zusammen ergeben die Farben den wunderschönen Regenbogen.
Guter Gott, wir danken dir.
So wie die Farben beim Regenbogen, so gehören auch wir zusammen.
Guter Gott, wir danken dir.

2. Station: Unsere Gefühle sind bunt

Lied: Gottes Liebe ist so wunderbar

Spiel: Die Farben des Regenbogens

→ *In der Mitte liegt ein großes, gelbes Tuch – die Sonne. Ein Kind stellt sich auf das Tuch, die anderen spielen die Regentropfen. Die Sonne ruft eine Farbe, die im Regenbogen vorkommt, zum Beispiel „Ich brauche Gelb!". Alle Kinder, die etwas gelbfarbenes an sich tragen, laufen schnell in die Kreismitte und stellen sich an den Rand des Sonnentuches. Dann ruft die Sonne eine neue Farbe auf. Ruft sie „Regenbogen", laufen alle Kinder in die Mitte und bilden einen Bogen über der Sonne.*

Überleitung

L: Jeder Mensch hat Lieblingsfarben. Meine Lieblingsfarbe ist ... Ich mag diese Farbe gerne, weil ... Ich ziehe mir oft ... Kleidung an. Dann fühle ich mich wohl. Was ist deine Lieblingsfarbe?
Mit Farben können wir vieles ausdrücken. Wenn wir fröhlich sind, mögen wir andere Farben, als wenn wir traurig sind. Wir malen ein Bild hell und bunt, wenn wir glücklich sind. Sind wir traurig, greifen wir oft zu dunkleren Farben. Mit Farben können wir Gefühle ausdrücken. Manchmal werden wir ganz „rot vor Wut", oder wir „ärgern uns schwarz". Wenn wir glücklich sind, schweben wir auf „rosa Wolken". Unsere Gefühle sind ganz verschieden. Menschen, die uns gut kennen, sehen uns oft an, wie wir uns fühlen. Sie erkennen es an unserer Haltung und dem Ausdruck unseres Gesichtes. Wir wollen nun Gefühle spielerisch darstellen und erraten.

Übung: Unser Körper drückt Gefühle aus

→ *Die Leitung hält Wortkarten mit Gefühlen bereit (zum Beispiel traurig, fröhlich, wütend, nachdenklich,[14] usw.). Jeweils ein Kind versucht, das Gefühl entsprechend darzustellen. Die anderen raten. Wurde das dargestellte Gefühl erraten, legt die Leitung die Wortkarte am Rand des Sonnentuches ab.*

Übung: Farben drücken Gefühle aus

→ *Nun versuchen die Kinder, den Gefühlen auf den Wortkarten Farben zuzuordnen (zum Beispiel orange für fröhlich, rot für wütend oder auch liebevoll, schwarz für traurig, lila für nachdenklich, usw.) Ein farbiges Tuch wird zur entsprechenden Wortkarte an das Sonnentuch gelegt. Es entsteht eine Sonne mit vielen bunten Strahlen.*

Zusammenfassung

L: Wir sehen: In der Mitte ist eine bunte Sonne entstanden. Es ist die Sonne unserer Gefühle. Sie hat fröhliche und helle Strahlen, aber auch dunkle und traurige. Unsere Gefühle sind ganz verschieden. Wir können auch ganz unterschiedliche Farben mit den Gefühlen verbinden. Für den einen bedeutet Rot die Liebe, für den anderen vielleicht Ärger und Wut. Jeder von uns trägt eine andere „Sonne der Gefühle" in sich. Mal leuchtet sie fröhlich und hell, mal strahlt sie weniger, weil wir uns nicht so gut fühlen. Meist hilft es, mit anderen zu reden. Dann spüren wir: Im Herzen wird es wieder heller und wärmer.

Gebet

L: Guter Gott, vor dir liegt die bunte Sonne unserer Gefühle. Mal strahlt sie hell, mal ist sie dunkel. Du weißt um unsere Gefühle. Du freust dich mit uns, wenn es uns

14 Vorlagen für einige Gefühlskarten finden sich auf beigefügter CD-ROM.

gut geht. Du bist bei uns, wenn wir traurig, einsam oder wütend sind. Hilf uns, mit unseren Gefühlen richtig umzugehen. Es ist besser, sich zu versöhnen, statt zu streiten. Wenn wir traurig sind, dürfen wir mit dir reden. Wenn wir weinen, legst du deinen Arm um uns. Wir dürfen vertrauen: Nach jedem Regenwetter wirst du die Sonne wieder für uns scheinen lassen. Hilf uns, auch für andere da zu sein, wenn sie sich nicht gut fühlen und uns brauchen. Amen.

Lied: Welche Farben hat die Welt (Strophen 1-2)

2. Wegstück

Gebet um Lebensfarben

V: Herr, in meinem Leben gibt es viel Alltagsgrau.
Ich bitte dich um Lebensfarben in mir,
damit mein Leben mit dir und den Menschen besser gelingen kann.

Herr, gib mir vom Rot der Liebe,
um davon wieder austeilen zu können.

Herr, gib mir vom Orange der Wärme
gegen alles Kalte in meinem Herzen.

Herr, gib mir viel vom Gelb des Lichtes
für die Dunkelheiten in meiner Seele.

Herr, gib mir vom Grün der Hoffnung
gegen meine Mutlosigkeit und meine Ängste.

Herr, gib mir vom Blau des Glaubens,
um mein Leben im Vertrauen auf dich zu gestalten.

Herr, gib mir vom Violett der Buße
für Wege zu Umkehr und Neuanfang.

Herr, gib mir vom Schwarz des Todes,
damit ich mich einstimme auf ein Abschiednehmen.

Herr, gib mir vom Weiß des Neuen,
um für dich offen und bereit zu sein.

Herr, gib mir vom Braun der Erde
für Beständigkeit und Ausdauer.

Herr, gib mir vom kostbaren Gold,
dass ich dich als das Kostbarste ehre.

Herr, gib mir ein wenig von allen Farben,
denn buntes Leben lebt sich leichter.

Herr, zeige mir ab und zu einen Regenbogen,
damit ich weiß: Ich stehe inmitten der Welt.

In dieser Mitte lass mich leben,
heute und jeden Tag meines Lebens. Amen.

Dankgebet

V: Herr, mein Gott, wie groß bist du!
Du spannst den Himmel aus wie ein Zelt.
Du lässt das Wasser hervorsprudeln.
Du lässt das Gras wachsen für die Tiere,
auch Pflanzen für die Menschen.
Du hast den Mond gemacht,
die Sonne weiß, wann sie untergeht.
Herr, wie zahlreich sind deine Werke.

Guter Gott, du hast uns mit deiner Welt auch viele Farben geschenkt.
Sie machen unsere Welt bunt uns fröhlich.
Jede Farbe ist schön und wichtig.
Guter Gott, wir danken dir.

Zusammen ergeben die Farben einen wunderbaren Regenbogen.
So wie die Farben im Regenbogen, so gehören auch wir zusammen.
So verschieden wir sind, so wichtig ist jeder einzelne von uns.
Guter Gott, wir danken dir.

Abschlussandacht:
Mit Gott verbunden im Zeichen des Regenbogens

Lied: Unser Lied nun erklingt

Begrüßung und Eröffnung

L: Liebe Kinder! Endlich ist es soweit. Wir sind am Ziel, hier in ... angekommen. Jetzt wollen wir zur Ruhe kommen. Beginnen wir im Namen des +Vaters und des Sohnes und des Heiligen Geistes. Amen.

Ihr habt unterwegs Vieles gesehen und gehört, ihr habt Geschichten gehört und Spiele gemacht. Es ging dabei um ein ganz besonderes Thema, es ging um den Regenbogen und seine Farben.

Bildbetrachtung

→ *Das Meditationsbildchen „Das Ende der Flut" von Sieger Köder wird den Wallfahrtsteilnehmer/-innen verteilt und mit ihnen betrachtet.*

© *Sieger Köder, Sintflut.*

Schrifttext (nach Gen 6,5-9,17)

Die Menschen verbreiteten sich über die ganze Erde. Aber sie kümmerten sich nicht um das Gute. Fast alles, was sie dachten und taten, war böse. Das betrübte Gott sehr und er sprach: „Ich werde eine große Flut über die Erde schicken. Sie soll alle Bosheit von der Erde vertilgen."

Nur ein Mensch lebte nach Gottes Willen. Er hieß Noah. Auch seine Frau und seine drei Söhne Sem, Ham und Jafet waren gute Menschen. Gott sprach zu Noah: „Es wird eine große Flut über die Menschen hereinbrechen. Aber du, deine Frau, deine drei Söhne und ihre Familien sollen sich in Sicherheit bringen. Bau dir ein Schiff aus Holz mit drei Stockwerken und einem Dach. Nimm von allen Tieren ein Männchen und ein Weibchen mit, denn ich will, dass das Leben erhalten bleibt. Und denke an das Futter für die Tiere und das Essen für Deine Familie!"

Noah gehorchte Gott, und alle Tiere kamen zu ihm auf die Arche. Nach sieben Tagen fing es an zu regnen. Es regnete immer stärker und stärker und das Wasser strömte vom Himmel. Bald hob das Schiff vom Boden ab. Vierzig Tage und vierzig Nächte regnete es aus schwarzen Wolken in Strömen, und auch aus der Erde brachen Wasserschwälle hervor.

Die große Flut stieg höher und höher, bis nur noch die Berggipfel zu sehen waren, dann verschwanden auch sie. Jetzt trieb Noahs Schiff einsam auf der Wasseroberfläche.

Aber Gott hatte Noah nicht vergessen. Nach vierzig Tagen hörte es auf zu regnen und das Wasser begann zu fallen. Da öffnete Noah eine Luke im Dach und ließ eine Taube ins Freie fliegen. Noah dachte: „Wenn die Taube wegbleibt, hat sie einen trockenen Ort gefunden."

Aber die Taube kehrte bald wieder zurück. Noah streckte seine Hand aus der Luke und holte sie zurück ins Schiff. Dann wartete er sieben Tage und ließ sie nochmals fliegen. Als sie nach einiger Zeit zurück kam, hatte sie das frische Blatt eines Ölbaums im Schnabel. Jetzt wusste Noah, dass die Flut vorüber war. Als er die Taube später zum dritten Mal fliegen ließ, kam sie nicht mehr zurück. Da öffnete Noah die Tür und verließ mit seiner Familie und mit allen Tieren die Arche.

Die schwarzen Wolken hatten sich verzogen, die Sonne schien und am Himmel wölbte sich ein großer Regenbogen. Und Gott sprach: „Das ist das Zeichen meines Bundes, den ich mit dir und allen kommenden Generationen schließe. Meinen Bogen setze ich in die Wolken. Er soll das Bundeszeichen sein zwischen mir und den Menschen. Balle ich Wolken zusammen und erscheint der Bogen in den Wolken, dann gedenke ich meines ewigen Bundes. Keine Flut wird mehr das Leben vernichten. Solange die Erde besteht, sollen nicht aufhören Aussaat und Ernte, Frost und Hitze, Sommer und Winter, Tag und Nacht. Und das Zeichen für mein Versprechen soll der Regenbogen sein!"

Kurzes Gespräch über den Schrifttext

L: Du hast eine sehr alte Geschichte aus der Bibel gehört. Gott war ja mächtig sauer auf die Menschen, so sauer, dass er beschloss, dass alles Land unter gehen sollte. Ein Mensch aber gefiel Gott, weil er stets rechtschaffen und gut war. Das war Noah. Er bekam von Gott einen Auftrag, weißt du noch welchen?
Als die Taube mit einem Ölzweig wieder kam, erkannte Noah, dass die Flut zu Ende war. Und als er schließlich die Arche öffnete, entdeckte er am Himmel schließlich etwas Wunderschönes. Weißt du noch was?
Der Regenbogen wurde zu einem ganz besonderen Zeichen. Er wurde zum Zeichen des Bundes zwischen Gott und den Menschen.

Aktion

→ *Ein paar Kinder legen jetzt mit Tüchern vor dem Altar einen Regenbogen. Er soll an den Bund erinnern.*

Lied: Regenbogen – buntes Licht

Fürbitten

→ *Die Kinder erhalten zu ihren Fürbitten zugehörige Symbole und legen diese auf der entsprechenden Farbe des Regenbogens ab.*

L: Guter Gott, unser Leben ist bunt wie ein Regenbogen. Mit all unseren Farben und Gefühlen kommen wir zu Dir. Wir antworten: Wir bitten dich, erhöre uns.

Kind1: Ich bringe ein rotes Herz. Rot ist die Farbe der Liebe. Hilf uns im Kindergarten und in der Schule, dass wir freundlich miteinander umgehen. **A:** Wir bitten dich ...

Kind 2: Ich bringe eine orangefarbene Flamme. Orange steht für Begeisterung. Hilf uns, dass wir uns immer wieder von dir begeistern lassen. **A:** Wir bitten dich ...

Kind 3: Ich bringe die gelbe Zitrone. Zitronen sind sauer. Auch im Leben gibt es Erlebnisse, die uns nicht gut schmecken. Aber Zitronen haben auch viele Vitamine. Hilf uns, „saure Momente" durchzuhalten, dann können wir daran wachsen und etwas lernen. **A:** Wir bitten dich ...

Kind 4: Ich bringe einen grünen Zweig. Grün ist die Farbe des Lebens und der Hoffnung. Schenke allen Menschen, die traurig sind, neue Hoffnung. **A:** Wir bitten dich ...

Kind 5: Ich bringe ein blaues Band. Das Band steht für unsere Freundschaften. Gib uns die Kraft, für unsere Freundinnen und Freunde da zu sein, wenn sie uns brauchen. **A:** Wir bitten dich ...

Kind 6: Ich bringe eine lila Tafel Schokolade. Schokolade schmeckt gut. Sie schmeckt noch besser, wenn wir sie teilen. Hilf uns, mit anderen Menschen gerne zu teilen, besonders mit denen, die weniger haben als wir. **A:** Wir bitten dich ...

L: All unsere Bitten fassen wir in dem Gebet zusammen, das Jesus uns gelehrt hat.

Vater unser

Segenswunsch

L: Gott gebe uns
für jeden Sturm einen Regenbogen,
für jede Träne ein Lachen,
für jede Sorge eine Aussicht und Hilfe in jeder Schwierigkeit.
Für jedes Problem, das uns das Leben schickt,
einen Freund, es zu teilen,
für jede Freude, die wir erfahren dürfen,
ein dankendes Wort und allzeit das Vertrauen darauf,
dass Gott auch morgen den Bogen seiner Liebe und Treue
aufs Neue zu uns spannen wird.
So segne uns der allmächtige Gott,
der +Vater, der Sohn und der Heilige Geist. Amen.[15]

Give-away: Minibuch „Was ist deine Lieblingsfarbe"

Lied: Ich schenk dir einen Regenbogen

15 Aus: www.wallfahrtsservice.de (Stand 10.06.2012)

Menschen, die von Gott erzählen – Eine Wallfahrt für Familien mit Kindern im Vor- und Grundschulalter

Vorbemerkung

Das Konzept „Menschen, die von Gott erzählen" wurde als Familienwallfahrt für Familien mit Kindern bis zu etwa 10 Jahren entwickelt. Wallfahrtsziel ist eine Marienkirche. An drei Stationen kommen die Familien mit ausgewählten Heiligen – Elisabeth, Franziskus und Christophorus – in Kontakt. Wichtige Aspekte der Heiligenbiographie werden den Kindern durch anschauliche Erzählungen, Aktionen und Gebete nahegebracht. Die Abschlussandacht thematisiert Maria als Vorbild im Glauben und ermutigt zu eigenem Gottvertrauen.
Abbildungen der Heiligen werden jeweils an einem Stab befestigt und von den Kindern ebenso wie das Vortragskreuz mitgetragen.

Material

- ☐ Lied-/Gebetsheft
- ☐ Abbildungen: Elisabeth von Thüringen, Franziskus, Christophorus. Das Format der mitgetragenen Bilder sollte mindestens DIN A3 betragen. (Bildvorlagen finden sich auf beigefügter CD-ROM.)
- ☐ Eine Rose
- ☐ Körbchen mit Brotstücken
- ☐ Zwei oder drei Tauben (Züchter stellen in der Regel gerne einen kleinen Käfig mit Tauben zur Verfügung.)
- ☐ Franziskuskreuzchen für jede/n Teilnehmer/-in
- ☐ Christophorusplaketten für jede/n Teilnehmer/-in
- ☐ Ein blaues Tuch
- ☐ Fähnchen, Blumen, Vortragekreuz

Abkürzungen

L = Leitung
E = Erzähler/in
A = Alle

1. Station: Elisabeth von Thüringen stärkt uns für den Weg

Lied: Einfach spitze, dass du da bist

Begrüßung und Einführung ins Thema

L: Wenn wir eine Wallfahrt machen, dann gehen wir gemeinsam einen Weg. Unser Weg führt uns heute nach ... /in die Kirche von ...
Wallfahren, das heißt, unterwegs zu einem Ziel zu sein und dabei an Gott zu denken. Wer erzählt dir von Gott?
Wir wollen heute drei Menschen kennen lernen, die vor langer Zeit von Gott in besonderer Weise erzählt haben, weil sie von ihm ganz begeistert waren. Einer von diesen Menschen ist Elisabeth von Thüringen.

Bildbetrachtung

→ *Die Abbildung „Elisabeth von Thüringen" wird gemeinsam mit den Kindern betrachtet.*

Geschichte der Elisabeth (Rosenwunder)

E: Elisabeth war eine junge Gräfin und lebte auf einer Burg. Sie liebte Gott und ihre Mitmenschen, besonders die Armen und Kranken. Das war damals bei den reichen Leuten keine Selbstverständlichkeit. Jeden Tag verließ sie ihre Burg und ging zu den Menschen, die ihre Hilfe brauchten. Sie brachte ihnen Essen und versorgte ihre Wunden, weil sie wusste: Gott liebt auch diese Menschen.

Vielen Leuten auf der Burg war das nicht recht. „Das gehört sich nicht für eine Gräfin", sagten sie. Aber Ludwig, Elisabeths Ehemann, liebte seine Frau und unterstützte sie. Als sich aber die Burggesellschaft mehr und mehr über Elisabeths gute Taten aufregte, konnte Ludwig bald nicht mehr anders und er verbot Elisabeth, die Armen und Kranken zu versorgen.

Einmal, als er gerade mit seinem Pferd zur Burg zurückkam, traf er Elisabeth mit einem großen zugedeckten Korb. Er fragte seine Frau: „Na, Elisabeth, trägst du wieder unser ganzes Brot fort? Was ist, wenn wir eines Tages in Not kommen? Dann haben wir nichts mehr." Elisabeth war betroffen, hatte sie doch tatsächlich einige Laibe Brot für die Armen in ihren Korb gelegt. Langsam hob sie die Decke von ihrem Korb. Aber: Statt mit Brot war der Korb über und über mit Rosen gefüllt. Da freute sich Ludwig und es reute ihn, dass er so misstrauisch gewesen war und sich nach den anderen Burgbewohnern gerichtet hatte. Fortan erlaubte er Elisabeth wieder, den Armen zu helfen und die Kranken zu pflegen. Er war überzeugt: Gott will es so.

Elisabeth aber sprach von Gott, indem sie die Notleidenden mit ihrer Liebe unterstützte, so wie Jesus den Armen und Kranken half. Aufgrund der Sorge Elisabeths tragen heute viele Kirchen und Krankenhäuser ihren Namen.

Gespräch über die Geschichte

→ *Die Leitung zeigt eine Rose – Symbol der Liebe Elisabeths zu allen Menschen – als Gesprächsimpuls.*

Gebet

L: Guter Gott, die heilige Elisabeth hatte ein großes Herz für arme und kranke Menschen. Schenke auch uns offene Augen und ein bereites Herz, damit wir unseren Mitmenschen gerne helfen. Lass uns sehen, wo wir gebraucht werden. Amen.

Lied: Wenn das Brot, dass wir teilen

Symbolhandlung: Brotstückchen

→ *Die Leitung zeigt einen Korb mit Broten.*

L: Wenn wir jetzt unser Brot teilen und uns für den weiteren Weg stärken, denken wir an das gute Beispiel Elisabeths, die aus Liebe zu Gott und zu den Menschen mit den Armen ihr Brot teilte.

→ *Das Brot wird an die Teilnehmer/innen der Wallfahrt verteilt.*

Wallfahrersegen

L: Lieber Gott, wir machen uns jetzt auf den Weg. Wir wollen gemeinsam gehen. Dabei wollen wir Menschen kennenlernen, die dich ganz besonders lieb hatten und viel von dir erzählt haben. So ein Mensch war auch Elisabeth. Ihr Bild nehmen wir mit auf den Weg. Wir bitten Dich, allmächtiger Gott, gib uns viel Kraft und Freude für unseren Weg und begleite uns mit deinem Segen. Darum bitten wir im Namen des +Vaters und des Sohnes und des Heiligen Geistes. Amen.

1. Wegstück

Lied: Liebe Mutter Gottes, jetzt ist Mai (siehe beiliegende CD-ROM)

Weglitanei

L: Aus Städten und Dörfern **A:** Sind wir unterwegs zu dir!
Aus Kindergärten und Schulen ...
Aus Häusern und Wohnungen ...
Aus Orten, die uns Heimat sind ...
Mit Freunden und Freundinnen ...
Mit unseren Eltern ...
Mit unseren Großeltern..

Mit Schwestern und Brüdern ...
Mit Menschen, die wir gern haben ...
Mit unseren Bitten ...
Mit unseren Träumen ...
Mit unseren Freuden ...
Mit unseren Ängsten ...
Mit dem, was wir erleben ...
Mit dem, was wir erfahren ...
Mit dem, was wir spüren ...
Als deine Kinder ...
Als deine Gemeinde ...

Als Gott für alle Menschen **A:** Bist du bei uns!
Als starker und zärtlicher Gott ...
Als spürbarer und unbegreiflicher Gott ...
Als naher und ferner Gott ...
Als Gott, den wir in uns spüren ...
Als Gott im Mitmenschen ...
Als Gott in jedem Tier ...
Als Gott in jeder Blume und Pflanze ...
Als Gott im Himmel ...
Als Gott auf der Erde ...
Als Gott, der immer da ist ...

Mit deiner Liebe **A:** Bleibe bei uns, Herr!
Mit deiner Treue ...
Mit deinem Vertrauen ...
Mit deinen Wundern ...
Mit deinen Heiligen ...
Auf dem Weg des Lebens ...
Auf dem Weg, den wir gerade gehen ...
Auf den Wegen, die noch vor uns liegen ...
Auf guten Wegen ...
Auf Irrwegen und Umwegen ...
Unser ganzes Leben lang ...

2. Station: Franziskus lehrt uns zu Staunen

L: Wir wollen nun dem Heiligen Franziskus begegnen. Hier seht ihr ein Bild von ihm.

Bildbetrachtung

→ *Die Abbildung des Heiligen Franziskus wird gemeinsam mit den Kindern betrachtet.*

Erzählung: Die Vogelpredigt des heiligen Franziskus

E: Franziskus lebte vor ein paar hundert Jahren in Italien, in der Stadt Assisi. Er hatte einen reichen Vater und konnte sich alles leisten, was er sich wünschte. Als Kaufmannssohn war er reich und konnte jeden Tag mit seinen Freunden feiern. Eines Tages aber merkte er, dass er trotz all der schönen Dinge, die er sich leisten konnte, unzufrieden war. Im Traum erschien ihm Gott, der ihm sagte: „Franziskus, ich brauche Dich, hilf mir, die Kirche wieder aufzubauen." Von diesem Tag an entledigte sich Franziskus all seines Besitzes, kümmerte sich um Arme und Kranke und verkündet allen die wunderbaren Taten Gottes. „Jetzt weiß ich endlich, was ich will", sagte er und mit der Zeit versammelten sich um ihn immer mehr Freunde. Eines Tages, Franziskus reiste mit seinen Freunden durch das kleine Spoletotal, entdeckte er auf den Bäumen eine große Schar verschiedener Vögel. Er wunderte sich, wie viele es waren. „Ich will ihnen etwas erzählen", dachte er sich und begann zu reden. „Meine lieben Vögel, Gott hat euch bunte Federn geschenkt, Bäume zum Nisten und Quellen zum Trinken. Ihr sät nicht, ihr erntet nicht und trotzdem habt ihr genug zum Leben. Seid dankbar dafür und vergesst nie, Gott zu loben, der euch geschaffen hat!"

Die Vögel hörten aufmerksam zu, was Franziskus erzählte. Als er seine Rede beendet hatte, reckten sie ihre Hälse, öffneten ihre Schnäbel und spannten ihre Flügel weit. Dann erhoben sie sich in die Luft und flogen in alle Richtungen des Himmels. Da zog auch Franziskus mit seinen Freunden weiter und dankte Gott für all seine Geschöpfe.

Gespräch

L: Franziskus hat gemerkt, dass er sein Leben ändern möchte. Er hat gemerkt, dass Besitz nicht immer glücklich macht. Wer weniger hat, ist oft freier und offener für seine Umwelt. Welche Erlebnisse fallen euch ein, die einen Menschen dazu bewegen, sein Leben zu ändern?

Gebet

L: Guter Gott, der heilige Franziskus hat deinen Ruf gehört, seinem Besitz entsagt und sein Leben ganz nach dir ausgerichtet. Dadurch wurde er offener für Menschen und Geschöpfe. Sie waren für ihn wie Schwestern und Brüder. Heute gehen die Menschen oft achtlos mit der Umwelt um. Hilf uns, jedes Tier zu achten und sorgsam mit der Umwelt umzugehen. Denn du hast alles gemacht und uns gegeben, damit wir gut dafür sorgen. Hilf uns dabei, diese Aufgabe gut erfüllen. Amen.

Aktion: Tauben in die Freiheit entlassen

→ *Die Leitung bittet ein Kind, den mitgeführten Taubenkorb zu öffnen und die Tauben fliegen zu lassen.*

Lied: Laudato si

Give-away: Franziskuskreuzchen zum Umhängen

→ *Als Erinnerung an die Station erhalten die Wallfahrtsteilnehmer/innen ein Franziskuskreuzchen, das sie sich umhängen können.*

2. Wegstück

Sonnengesang des Heiligen Franziskus

V: Gelobt seist du, mein Herr,
mit all deinen Geschöpfen,
vor allem mit der
Schwester Sonne.
Sie scheint jeden Tag
und spendet das Licht,
sie ist schön uns strahlt
im herrlichen Glanz.
Ich lobe dich und preise dich.
A: Ich lobe dich und preise dich.

V: Gelobt seist du, mein Herr,
für Bruder Mond und die Sterne.
Du hast sie am Himmel gebildet,
klar und kostbar und schön.
Ich lobe dich und preise dich.
A: Ich lobe dich und preise dich.

V: Gelobt seist du, mein Herr,
für Bruder Wind und die Luft,
durch bewölkten und heiteren Himmel
und jegliches Wetter.
Ich lobe dich und preise dich.
A: Ich lobe dich und preise dich.

V: Gelobt seist du, mein Herr,
für Schwester Wasser.
So wichtig ist das Wasser
und kostbar und rein.
Ich lobe dich und preise dich.
A: Ich lobe dich und preise dich.

V: Gelobt seist du, mein Herr,
für Bruder Feuer.
Mit ihm erleuchtest Du uns die Nacht.
Es ist schön und freundlich,
gewaltig und stark.
Ich lobe dich und preise dich.
A: Ich lobe dich und preise dich

V: Gelobt seist du, mein Herr,
für unsere Schwester,
die Mutter Erde.
Sie trägt und erhält uns,
bringt vielerlei Früchte hervor
und Kräuter und bunte Blumen.
Ich lobe dich und preise dich.
A: Ich lobe dich und preise dich.

(Franz von Assisi)

Lied: Laudato si

3. Station: Einander stützen wie Christophorus

L: Jetzt lernen wir einen Mann kennen, der Christopherus heißt. Hier seht ihr ihn.

Bildbetrachtung „Christophorus“

→ *Die Abbildung „Christophorus“ wird gemeinsam mit den Kindern betrachtet.*

Erzählung: Als Offerus Christus über das Wasser trug

E: Vor langer Zeit lebte ein Mann, der hieß Offerus. Er war viel größer und stärker als die meisten anderen Menschen. Deshalb wollte er nur dem stärksten und tapfersten König dienen, und so suchte er auf der ganzen Welt nach diesem König. Auf seiner Reise erlebte Offerus viele Abenteuer. Doch sobald er einen mächtigen König gefunden hatte und ihm diente, hörte er von einem anderem, der noch mächtiger war. Es schien, als könnte er niemals seinen Herrn finden.

Eines Tages begegnete Offerus einem heiligen Mann, der Reisende durch einen reißenden Fluss führte. Der Heilige erzählte Offerus von Gott, und Offerus wollte wissen, wie er Diener eines so mächtigen Herrn werden könnte. Der Mann antwortete Offerus, dass er Gott dienen könne, indem er den Menschen helfe. Offerus beschloss, die Arbeit des heiligen Mannes zu übernehmen. Doch anstatt die Reisenden durch den Fluss zu führen, trug er sie auf seinem Rücken.

Offerus baute sich ein Haus am Fluss und trug sein ganzes Leben lang Menschen durch die Stromschnellen. Aus einem Ast hatte er sich einen stabilen Stab geschnitzt, mit dem er sich im tiefen Wasser abstützen konnte. Offerus schützte das Leben von vielen dankbaren Reisenden.

In einer stürmischen Nacht trug Offerus ein kleines Kind auf seinen Schultern durch den Fluss. Während er durch das Wasser watete, wurde das Kind schwerer und immer schwerer, bis es sich anfühlte, als lastete die ganze Welt auf Offerus´ Schultern. Aber Offerus sagte nichts und bemühte sich, nicht zu stolpern und zu fallen.

Als sie das Ufer erreicht hatten, offenbarte sich das Kind als Jesus Christus, Gottes Sohn. Als Beweis befahl er Offerus, seinen Stab in den Boden zu stecken. Am nächsten Morgen hatte sich der Stock in einem Palmbaum verwandelt.

Seit diesem Tag wurde Offerus „Christus-Träger“ genannt, Christophorus.
Christophorus ist der Schutzheilige der Reisenden.

Gespräch

L: Auch wir können anderen im Alltag eine Hilfe sein. Christophorus ermutigt uns, in jedem Mitmenschen auch Jesus zu sehen. Wem könntet ihr im Alltag helfen, Hindernisse zu überwinden?

Aktion: Nachspielen der Christophorus-Geschichte

→ *Die Kinder spielen das Tragen des Christuskindes durch Christophorus nach. Dazu wird ein blaues Tuch auf den Boden gelegt, das den Fluss symbolisiert. Die größeren Kinder/Erwachsenen tragen die kleineren Kinder über den „Fluss". Im Anschluss findet eine kurze Reflexion statt: Wie fühlt sich der Tragende? Wie fühlt sich der Getragene?*

Gebet

L: Guter Gott, der Heilige Christophorus hat Jesus durch den reißenden Fluss getragen. Er setzte sein Leben aufs Spiel, um anderen das Leben zu retten. Hilf uns, zu erkennen, dass wir in jedem Menschen auch Jesus begegnen. Schenke uns Achtung vor jedem Menschen, gerade vor dem Schwächeren. Beschütze uns, wenn wir unterwegs sind, in die Schule, zu Freunden oder in den Urlaub. Gib uns deinen Segen und lass uns achtsam sein. Amen.

Lied: Tragt in die Welt nun ein Licht

Give-away: Christophorusplaketten

→ *Als Erinnerung kann den Wallfahrer/innen eine Christophorusplakate mit auf den Weg gegeben werden.*

3. Wegstück

Heiligen-Litanei

→ *In der Heiligen-Litanei werden die auf der Wallfahrt vorgestellten sowie weitere bekannte Heilige angerufen. Ein kurzer beschreibender Satz über die/den Heilige/n schließt sich an. Die Kinder freuen sich immer sehr, wenn auch ihre Namenspatrone erwähnt werden.[16] Dazu erkundigt sich die Leitung vor Beginn der Wallfahrt nach den Namen der Kinder.*

L: Menschen, die Gott besonders nahe waren und in ihrem Leben viel Gutes getan haben, wie Elisabeth, Franziskus oder Christophorus nennen wir Heilige. Wir glauben, dass sie auch jetzt ganz nahe bei Gott sind. Wir wollen sie bitten, dass sie an uns denken und Gott bitten, dass er uns beschützt. Wir antworten: Bitte für uns!

L: Heilige Elisabeth, die für die Armen das Brot geteilt hat **A:** Bitte für uns!
Heiliger Franziskus, der uns die Schönheit der Schöpfung gezeigt hat ...

---

16 Die aufgeführten Heiligen und weitere Namenspatrone können nachgeschlagen werden in: Gasperi; Klaus/ Kleissner, Richard, Namen und Heilige, Innsbruck 2008 und unter www.heiligenlexikon.de.

Heiliger Christophorus, der uns lehrt, einander zu stützen ...
Heilige Maria, Mutter Jesu und starke Frau im Glauben ...
Heiliger Josef, Ziehvater und treuer Begleiter von Jesus ...
Heiliger Martin, Soldat und Bischof, der seinen Mantel geteilt hat ...
Heilige Barbara, die für ihren Glauben gestorben ist ...
Heiliger Nikolaus, Bischof und Helfer in Hungersnot ...
Heiliger Blasius, Arzt und Priester ...
Heiliger Florian, Soldat und Beschützer der Feuerwehrleute ...
Heiliger Georg, mutiger Drachenkämpfer und Beschützer der Bauern ...
Heiliger Michael, Engel, der Gott ganz nahe steht ...
Heiliger Stephanus, erster Christ, der für den Glauben sein Leben hingegeben hat ...

→ *Die Namenspatrone der Kinder können angefügt werden:*

Heilige N.
Heiliger N.

Lied: Tragt in die Welt nun ein Licht

Abschlussandacht: Mit Maria glauben

→ *Sollte ein Priester oder Diakon der Abschlussandacht vorstehen, empfängt dieser die Wallfahrtsgemeinde am Kirchenportal. In Erinnerung an die Taufe, die der Beginn der Weggemeinschaft mit Christus ist, werden die Wallfahrer/innen mit Weihwasser besprengt. Vor dem festlichen Einzug der Pilger erhalten die Kinder Blumen in die Hand, die sie während des Eingangsliedes vor dem Altar ablegen.*

Einzug: Festliche Musik (Orgel, Instrumental ...)

→ *Nach dem Orgelspiel folgt eine kurze Stille.*

Lied: Es läuten alle Glocken

→ *Während des Liedes ziehen die Kinder singend mit Blumen zum Altar und legen diese vor dem Altar ab. Drei Kinder tragen die Heiligenbilder mit und stellen diese gut sichtbar auf die Altarstufen.*

Begrüßung und Eröffnung

L: Wir sind jetzt hier, in der Kirche von ... angekommen. Wir wollen nun gemeinsam eine Andacht feiern. Beginnen wir mit dem Zeichen des Kreuzes, im Namen des +Vaters und des Sohnes und des Heiligen Geistes. Amen.

Rückbesinnung

L: Wir haben auf dem Weg viel erlebt und von Menschen gehört, die sich ganz in den Dienst Gottes gestellt haben. Was ist dir dabei in besonderer Erinnerung geblieben?

→ *Die Kinder betrachten die Porträts der Heiligen und erzählen von ihren Eindrücken und Erlebnissen.*

Mariendarstellung/-bild entdecken

L: Jetzt wollen wir einen ganz besonderen Menschen, eine ganz besondere Heilige kennenlernen. Du findest eine Darstellung hier in der Kirche.

→ *Falls keine Marienfigur vorhanden ist, wird eine Figur oder ein Bild von Maria an den Altar gestellt. Gemeinsam mit den Kindern wird erforscht: Wer war Maria? Was ist das Besondere an dieser Heiligen?*

Gegrüßet seist du Maria (mit Gesten)[17]

L: Mit einem sehr alten Gebet der Kirche, dem „Gegrüßet seist du Maria", erinnern wir uns an das, was Gott an Maria getan hat und bitten sie um ihre Fürsprache bei Gott. Ihr seid eingeladen, die Bewegungen zu den einzelnen Gebetssätzen mitzumachen.

Gegrüßet seist du Maria

→ *Hände zusammenlegen oder falten und sich verneigen.*

voll der Gnade.

→ *Hände lösen und nach unten, außen, oben führen (Kreis beschreiben).*

Der Herr ist mit dir.

→ *Hände über dem Kopf wie eine offene Schale halten.*

Du bist gebenedeit unter den Frauen

→ *Hände vor der Stirn zusammenlegen oder falten und mit beiden Daumen ein Kreuz auf die Stirn zeichnen.*

und gebenedeit ist die Frucht deines Leibes, Jesus.

→ *Hände nach unten führen und auf den Bauch legen.*

Heilige Maria, Mutter Gottes,

→ *Hände vor dem Bauch zu einer Schale formen.*

bitte für uns Sünder

→ *Hände über der Brust kreuzen.*

jetzt und in der Stunde unseres Todes. Amen.

→ *Sich in dieser Haltung verneigen.*

---

17 Bevor Sie den Rosenkranz mit den Kindern beten, können Sie das „Gegrüßet seist du, Maria" erklären. Die Sprache des Gebets ist ungewohnt für Kinder. Zentrale Schlüsselbegriffe könnten folgendermaßen übersetzt werden: voll der Gnade: von Gott geliebt / gebenedeit: gesegnet / Frucht deines Leibes: Jesus, dein Sohn Jesus / Sünder: ein Mensch, der Unrechtes getan hat / jetzt und in der Stunde unseres Todes: jetzt und wenn wir sterben. (Aus: Familien feiern Feste, Maria Himmelfahrt, ein G'satzl beten; www.familien-feiern-feste.net)

Gebet

L: Guter Gott, du hast Maria erwählt, die Mutter deines Sohnes Jesus zu werden. Obwohl das nicht einfach war, sagte sie Ja dazu und vertraute sich dir ganz an. Sie glaubte fest an dich und daran, dass deine Pläne gut sind. Hilf auch uns, nicht immer nur „wenn“ und „aber“ zu sagen, wenn wir gebraucht werden. Lass uns unsere Aufgaben mit frohen Herzen angehen und dir vertrauen. Amen.

Fürbitten

L: Der gute Gott hat uns viele Menschen geschickt, die uns von Gott erzählen. Menschen wie Elisabeth, Franziskus, Christophorus und Maria, die Mutter Jesu. Zu ihm dürfen wir immer wieder beten und um seine Hilfe bitten.
Wir antworten: Wir bitten dich erhöre uns

1. **Kind:** Wir beten für alle Kinder, die Krieg und Elend erleben müssen.
   A: Wir bitten dich ...
2. **Kind:** Wir beten für alle Kinder, dass sie fröhliche und gute Menschen werden.
   A: Wir bitten dich ...
3. **Kind:** Wir beten für alle Kinder, dass sie gut mit der Natur und den Tieren umgehen. **A:** Wir bitten dich ...
4. **Kind:** Wir beten für alle Kinder, dass sie anderen eine Hilfe sind.
   A: Wir bitten dich ...
5. **Kind:** Wir beten für alle Eltern, Geschwister und Großeltern der Kinder.
   A: Wir bitten dich ...
6. **Kind:** Wir beten für alle Erzieher/innen und Lehrer/innen.
   A: Wir bitten dich ...

L: Ja, Herr, höre unsere Bitten und sei bei uns heute und alle Tage. Amen.

Vater unser

Segenswunsch

Heute haben wir viele Menschen kennengelernt, die uns von Gott und seiner Liebe erzählen. Elisabeth sorgte für die Armen, Franziskus liebte die Schöpfung, Christophorus trug Jesus durch den Fluss, Maria war ganz offen für Gott und stellte ihr Leben ganz in seinen Dienst. Diese Menschen wollen uns ein Vorbild sein und dabei helfen, ein gutes Leben zu führen. Damit uns dies gelingt, segne uns der allmächtige und gute Gott, der +Vater, der Sohn und der heilige Geist. Amen.

Schlusslied: Gottes Liebe ist so wunderbar

Was wir von Maria lernen können – Eine Wallfahrt für die ganze Familie

Vorbemerkung

Dieses Modell mit drei Stationen und einer Abschlussandacht wurde als Familienwallfahrt für Eltern mit Kindern im Grundschulalter entwickelt. Der Zielort war eine Kapelle mit einer modernen Mariendarstellung. Wir haben Wert darauf gelegt, dass den Eltern und Kindern Raum und Zeit gegeben wurde, auch miteinander ins Gespräch zu kommen. Im Mittelpunkt steht Maria, die Mutter Jesu. Sie öffnet sich vorbehaltlos dem Wirken Gottes und sagt Ja zu seinem Plan, auch wenn sie ihn nicht verstehen kann. Sie sagt Ja zu ihrem Sohn und seinem Weg, auch wenn sie seinem Handeln und seinem Lebensweg mit Unverständnis gegenübersteht. Maria wird wie wir immer wieder vor Lebensfragen gestellt, von denen einige unbeantwortet bleiben. Aber sie vertraut auf Gott. Maria, die einfache Frau aus Nazareth, der wohl auch Kummer und Familienstress nicht erspart blieben, kann für uns eine Ermutigung auf unserem Lebens- und Glaubensweg sein.

Mit Maria verbinden sich die Eigenschaften Mut und Vertrauen, Verständnis und Toleranz, Treue und Kraft. Diese abstrakten Begriffe sind Kindern zunächst schwer zu vermitteln. Als Brücke dient deshalb das Mädchen Lena und ihr Tagebuch. Darin beschreibt die kleine Lena Situationen aus ihrem Alltag, wie sie auch die Kinder kennen: Lena hat Angst, Lena hat Ärger mit ihrer Mutter, Lena fühlt sich von ihrer Freundin im Stich gelassen. Die Kinder können sich in Lena gut einfühlen. Auch aus dem Leben von Maria kennen wir solche Geschichten. In diesem Zusammenhang vorgestellt, werden sie für die Zuhörer greifbar.

Es hat sich als hilfreich herausgestellt, die Texte aus dem Tagebuch von einem Kind vorlesen zu lassen. Da das betonte Vorlesen der Geschichte wichtig ist, sollte die Erzählerin dem Grundschulalter bereits entwachsen sein. Die Leitung sollte darauf achten, dass beim Eltern-Kind-Gespräch und bei der Einzelbesinnung die Teilnehmer/innen Rücksicht aufeinander nehmen.

Da das Konzept dieser Wallfahrt kein Vorwissen über Maria voraussetzt, eignet es sich auch für Menschen, die dem Glauben (noch) nicht allzu nahe stehen oder denen die traditionelle Marienverehrung fremd ist.

Material

- ☐ Lied-/Gebetsheft
- ☐ Vortragekreuz/Fähnchen
- ☐ Tagebuch mit Texten von Lena
- ☐ Marienbild zum Mittragen
  (Ein Bildvorschlag findet sich auf beigefügter CD-ROM)
- ☐ Geschirrtuch
- ☐ Taschentuch
- ☐ Steine
- ☐ Korb
- ☐ Fähnchen

Abkürzungen

L = Leitung
E = Erzähler/in
A = Alle
V = Vorbeter
R = Reporter/in
M = Maria

1. Station: Maria ist mutig

Lied: Wir fangen an fröhlich zu sein

Begrüßung und Einführung

L: Zu unserer Familienwallfahrt möchten wir euch alle herzlich willkommen heißen. Schön, dass ihr gekommen seid. Wisst ihr, was man auf einer Wallfahrt so alles macht?

→ *Die Kinder erzählen. Die Leitung fasst die Antworten der Kinder zusammen.*

L: Beginnen wir unseren gemeinsamen Weg mit dem Kreuzzeichen: Im Namen des +Vaters und des Sohnes und des Heiligen Geistes. Amen.

Vorstellung von Lenas Tagebuch

L: Wenn wir eine Wallfahrt machen, dann dürfen wir auch von uns selbst erzählen. Wir können von Dingen berichten, die uns Freude machen, aber auch von dem, was uns ängstigt. Viele Menschen schreiben ihre Gedanken und Gefühle in so ein Buch.

→ *Die Leitung zeigt ein Tagebuch.*

L: Weißt du, was das für ein Buch ist? Es gehört einem Mädchen, das heißt Lena. Lena hat uns erlaubt, heute ein paar Geschichten vorzulesen, die sie in ihr Tagebuch geschrieben hat. Ihre Gedanken und Erlebnisse erzählt sie darin Gott, der für sie wie ein guter Freund ist.
Die ... (Name des Mädchens, das Lenas Tagebuch vorliest) wird Lena ihre Stimme leihen und uns die Geschichten aus dem Tagebuch vorlesen.

Text: So mutig wie Kathrin

E: Lieber Gott, soviel Mut wie Kathrin möchte ich auch haben! Ich fand es ja auch gemein, wie die anderen auf dem Spielplatz die beiden fremden Kinder geärgert haben. Wie traurig der kleine Junge geschaut hat! Aber ich habe mich nicht getraut, ihn zu beschützen. Da muss erst die Kathrin kommen und den anderen sagen, was für eine feige Tour das ist, auf neue Kinder loszugehen. Sie hat die beiden fremden Kinder in Schutz genommen und die anderen so geschimpft, dass sie beleidigt abgedampft sind. Toll! Ob ich das auch schaffe, wenn noch mal so etwas passiert? Kannst Du mir dann helfen, dass ich auch so mutig bin, lieber Gott? Deine Lena

Gespräch über die Geschichte

→ *Die Leitung eröffnet das Gespräch mit folgenden Impulsen:*

L: Lena hat das Verhalten von Kathrin bewundert, Was wünscht sich Lena denn? Wen bittet sie darum? Wie könnte Gott ihr denn helfen?

Lied: Kindermutmachlied (Strophen 1-4)

Bildbetrachtung

L: Auch die Bibel erzählt von einer Frau, die ganz mutig war. Sie hat eine ganz besondere Aufgabe bekommen und ja dazu gesagt, ohne lange zu zögern. Diese Frau ist auf diesem Bild dargestellt. Weißt du, wer das ist? Was weißt du bereits über diese Frau?

→ *Die Abbildung Marias wird gemeinsam mit den Kindern betrachtet. Die Kinder erzählen, was sie bereits über Maria wissen.*

L: Wir wollen nun die Geschichte von Maria hören, in der sie ganz mutig war.

Biblische Erzählung:[18] Maria Verkündigung (nach Lk 1,26-33)

Maria wohnt in Nazaret. Nazaret ist eine Stadt in Galiläa. Sie ist verlobt mit Josef, dem Zimmermann. Ihn wird sie einmal heiraten. Plötzlich steht ein Engel vor ihr. Es ist Gabriel. Er grüßt sie freundlich und sagt; „Gott ist mit dir." Maria fürchtet sich. Der Engel sagt: „Du brauchst keine Angst vor mir zu haben. Gott hat dich ganz besonders lieb. Er hat einen großen Plan. Und du sollst ihm dabei helfen, Du wirst ein Kind zur Welt bringen. Das sollst du Jesus nennen. Das Kind wird ein mächtiger König werden, der Herr der ganzen Welt. Maria sagt: Alles soll geschehen, wie Gott es will.[19]

Wallfahrersegen

L: Lieber Gott. Wir machen uns jetzt auf den Weg. Wir wollen ihn gemeinsam gehen. Dabei wollen wir von Maria hören, die dich ganz besonders lieb hatte und mutig „Ja" zu deinem Plan gesagt hat. Ihr Bild nehmen wir mit auf den Weg. Gib uns viel Kraft und Freude für den Weg. Darum bitten wir im Namen des +Vaters und des Sohnes und des Heiligen Geistes. Amen.

---

18 Für alle Bibeltexte gilt, dass sie nach Möglichkeit frei erzählt werden sollten.

19 Aus: Martina Polster „Die große Gabriel Kinderbibel", © by Gabriel Verlag (Thienemann Verlag GmbH), Stuttgart/Wien, www.gabriel-verlag.de.

1. Wegstück

Lied: Kindermutmachlied (Strophen 1+2)

Meditation: Gegrüßet seist du, Maria

V: Gegrüßet seist du Maria, voll der Gnade.
Wir können nur Staunen, wie mutig du zu Gott Ja gesagt hast.

Gegrüßet seist du Maria, voll der Freude.
Wir bewundern, wie du dich über Gott gefreut hast.

Gegrüßet seist du Maria, voll des Glaubens.
Wir schauen auf zu dir, weil dein Gottvertrauen unendlich groß war.

Gegrüßet seist du Maria, voll der Hoffnung.
Wir wünschen uns deine Zuversicht,
gerade in Sorgen und Problemen.

Gegrüßet seist du Maria, voll der Liebe.
Wir danken dir, dass du uns Jesus Christus geschenkt hast
und immer zu ihm gehalten hast.

Gegrüßet seist du Maria, voll der Gnade.
Wir danken dir und bitten dich um deine Hilfe
für uns und alle Menschen, die wir lieb haben.

Gemeinsame Gebete:[20] Gegrüßet seist du Maria, Vater unser

Lied: Kindermutmachlied (Strophen 3-4)

20 Es empfiehlt sich die genannten Gebete auf dem Lied/Gebetszettel abzudrucken.

2. Station: Maria versteht mich

Lied: Unser Lied nun erklingt

Lenas Tagebuch

L: Wir hören wieder eine Geschichte aus dem Tagebuch von Lena. Dabei spielt dieser Gegenstand eine Rolle.

→ *Die Leitung zeigt den Wallfahrtsteilnehmer/innen ein Geschirrtuch.*

L: Wozu wird der Gegenstand gebraucht? Einmal, so erzählt Lea in ihrem Buch, gab es beim Abwaschen ganz schön Ärger. Hören wir davon!

Text: Mama versteht mich nicht

E: Lieber Gott, jetzt hab ich mich wegen der blöden Abwascherei schon wieder mit Mama verkracht. Aber ich sehe das einfach nicht ein, dass ich alles alleine machen soll und mein Bruder schon auf den Fußballplatz darf. Nur weil er sich immer so dämlich anstellt, dass Mama Angst um ihr schönes Geschirr kriegt! Er wäre noch zu klein, sagt sie. Und wenn ich etwas dagegen sage, wird sie sauer, weil ich mich angeblich drücken will. Dabei stimmt das gar nicht, lieber Gott, das weißt du doch. Kannst du das der Mama nicht mal klarmachen? Deine Lena

Gespräch über die Geschichte

L: Bei Lena hat es Streit gegeben, Du hast gehört, worum es ging. Würdest du genauso wie Lena denken? Hast du einen Tipp für Lena? Was kann sie machen?

Aktion: Eltern-Kind-Gespräch

L: Vielleicht geht es euch Kindern auch manchmal wie Lena. Deshalb habe ich für euch und eure Eltern eine Aufgabe: Unterhaltet euch einmal kurz darüber, wann ihr das letzte Mal eine Situation wie Lena und ihre Mutter hattet. Wann und warum haben eure Eltern euch nicht verstanden? Wie habt ihr euren Streit gelöst? Nehmt euch etwa fünf Minuten Zeit, geht ein Stück miteinander oder sucht euch einen schönen Platz, um zu reden.

Überleitung

L: Bei Maria, Josef und Jesus gab es ebenfalls einmal Probleme. Jesus hat seinen Eltern große Sorgen gemacht. Hören wir die Geschichte.

Biblische Erzählung: Der 12jährige Jesus im Tempel (nach Lk 4,41-52)

L: Das Passahfest ist ein großes Fest für die Juden. Jahr für Jahr danken sie Gott dafür, dass er Mose und das Volk Israel aus der Gefangenschaft in Ägypten befreit hat. Viele Familien feiern das Fest in Jerusalem. Auch Maria und Josef gehen jedes Jahr nach Jerusalem. Jesus darf mit ihnen gehen. Er ist schon zwölf, groß genug für die lange Reise. Verwandte und Nachbarn begleiten sie. Sie feiern eine Woche lang. Dann macht sich die Gruppe auf den Heimweg nach Nazareth. Maria und Josef sehen Jesus nicht. Sie vermuten, er sei schon vorausgegangen. Erst am Abend merken sie, dass er fehlt. „Hoffentlich ist ihm nichts passiert", denken sie. Schnell laufen sie nach Jerusalem zurück, um ihr Kind zu suchen. Sie finden Jesus im Tempel. In einer Halle mit vielen Säulen sitzt er mitten unter Männern mit langen Bärten. Die haben studiert und kennen die Bücher von Mose und von den Propheten ganz genau. Jesus spricht mit ihnen. Sie staunen, was er schon alles weiß und versteht. Maria nimmt Jesus zur Seite und sagt: „Warum bist du einfach weggelaufen? Dein Vater und ich, wir haben uns große Sorgen um dich gemacht." Jesus antwortet: „Warum habt ihr mich gesucht? Wusstet ihr nicht, dass ich im Tempel zu Hause bei meinem Vater bin?" Maria und Josef verstehen nicht, was er damit meint. Doch Maria denkt über die Worte von Jesus noch lange nach. Jesus wird älter und größer und lernt viel. Josef und Maria haben viel Freude an ihm.[21]

Gespräch über die Bibelstelle

→ *Die Leitung führt mit folgenden Impulsen durch das Gespräch:*

L: Josef und Maria waren sauer auf Jesus. Was hat Jesus gesagt, als seine Eltern ihn zur Rede stellten? Wie haben sie auf seine Antwort reagiert?

Zusammenfassung

L: Maria hatte Ärger mit ihrem Kind. Das ist sogar in der Bibel aufgeschrieben. Vielleicht hatten Sie auch noch öfter Probleme, das wissen wir aber nicht. Manche Probleme brauchen viel Zeit, bis sie gelöst werden können. Gespräche können dabei helfen, auch wenn wir die Antwort des anderen nicht gleich verstehen. Wir Menschen brauchen manchmal Geduld und Nachsicht miteinander, wie es Maria in der Geschichte mit Jesus hatte. Das können wir von Maria lernen.

Lied: Halte zu mir, guter Gott (Strophen 1-3)

21 Aus: Martina Polster „Die große Gabriel Kinderbibel", © by Gabriel Verlag (Thienemann Verlag GmbH), Stuttgart/Wien, www.gabriel-verlag.de.

2. Wegstück

Lied: Liebe Mutter Gottes, jetzt ist Mai

Wechselgebet: Was du für mich bist

V: Du, Maria, bist meine Stütze, wenn ich schwach und zaghaft bin. **A:** Bleibe bei mir!
Du, Maria, bist mein Schutz, wenn ich unterwegs bin ...
Du, Maria, bist mein Beistand, wenn ich nicht mehr weiter weiß ...
Du, Maria, bist meine Sonne, wenn es um mich finster ist ...
Du, Maria, bist meine Freundin, wenn ich wärmende Nähe brauche ...
Du, Maria, bist mein Halt, wenn ich schlapp und müde bin ...
Du, Maria, bist, meine Trainerin, wenn ich Motivation brauche ...
Du, Maria, bist meine Lehrerin, wenn ich den nächsten Schritt mache ...
Du, Maria, bist mein Schirm, der mich alle Zeit begleitet ...

Lied: Halte zu mir guter Gott (Strophen 1-3)

3. Station: Maria lässt Jesus nicht im Stich

Lied: Halte zu mir guter Gott (Strophe 4)

Lenas Tagebuch
L: In der Geschichte, die wir jetzt hören, braucht Lena das hier:

→ *Die Leitung zeigt ein Taschentuch.*

L: Wann brauchst du ein Taschentuch? Lena brauchte Taschentücher, weil sie geweint hat. Warum? Hören wir einmal zu.

Text: Verlassen
E: Lieber Gott, ich bin so sauer auf Sandra! Gleich als wir aus den Ferien zurückkamen, habe ich schon gemerkt, dass etwas nicht stimmt. Dauernd hing sie mit der Anna zusammen, und gestern, am ersten Schultag, hat sie sich tatsächlich neben Anna gesetzt. Ich hab jetzt den blöden Markus neben mir. Dabei war Sandra immer meine beste Freundin! Ich musste gestern nach der Schule weinen. Und heute lädt sie mich zu ihrem Geburtstag ein. So was Verlogenes! Ich hab gar keine Lust darauf, da hinzugehen. Ich fühle mich so verlassen. Oder soll ich doch hingehen? Was meinst du, lieber Gott? Deine Lena

Aktion: Steine legen

L: Lena ging es ja gar nicht gut. Lena war sehr traurig, weil Sandra sich nicht mehr neben sie setzen wollte. Lena fühlte sich verlassen. Die Traurigkeit und Einsamkeit lastete auf ihr wie ein schwerer Stein. Sie war ganz bedrückt.
Jede und jeder von euch bekommt nun einen kleinen Stein. Ich lade euch ein, euch fünf Minuten Zeit zu nehmen, und zu überlegen, wann ihr euch schon einmal einsam und verlassen gefühlt habt. Jeder denkt für sich nach. Wem von euch eine solche Situation einfällt, darf seinen Stein in die Mitte legen.

→ *Die Teilnehmer/innen legen ihre Steine zu einem großen Steinhaufen zusammen.*

L: Wir haben uns an Situationen in unserem Leben erinnert, in denen wir uns einsam und verlassen gefühlt haben. Für diese Erinnerung haben wir einen Stein in die Mitte gelegt. Ein großer Berg an Steinen ist entstanden. Er steht für all das, was uns bedrückt. Wir wollen eine kurze Stille halten und unsere Steine betrachten.

→ *Die Teilnehmer/innen halten je nach Möglichkeit eine kurze Stille.*

Biblischer Bezug: Maria am Kreuzweg Jesu

L: Viele Menschen wissen, wie es ist, wenn man sich verlassen fühlt. Jesus hat das auf ganz schlimme Art und Weise erfahren. Viele haben ihn im Stich gelassen: Seine Mutter Maria aber war da. Hören wir einen Text, der vom Leidensweg Jesu erzählt.

E: Jesus wurde zum Tod am Kreuz verurteilt.
Die Soldaten haben Jesus geschlagen, beschimpft, gestoßen, angespuckt, ausgepeitscht, gefoltert. Jesus trägt sein schweres Kreuz durch die Straßen Jerusalems.
Viele wollen nichts mehr mit ihm zu tun haben.
Viele, die ihn vorher bejubelt und gefeiert haben, lassen ihn nun allein.
Auch die Apostel, sogar Petrus, sind geflohen.
Jetzt, wo es hart auf hart kommt, sind es nur wenige, die zu ihm stehen.
Eine davon ist Maria, seine Mutter. Sie stellt sich auf seine Seite.
Sie steht am Wegesrand, sie steht in der Todesstunde unter dem Kreuz.
Als Jesus gestorben ist, hält sie seinen Leichnam in ihren Armen.
Alle sollen es sehen: Wir gehören zusammen!
Maria ist treu – auch wenn es unendlich schwer für sie ist.

L: Bei aller Einsamkeit, die auch wir spüren, können wir uns doch sicher sein. Gott lässt uns nicht allein. Er sorgt sich um uns wie ein Vater und eine Mutter.

Lied: Geh mit uns, auf unserm Weg

→ *Das Lied wird ohne Strophen gesungen, der Refrain einige Male wiederholt.*

3. Wegstück

Stilles Pilgern

→ *Die Teilnehmer/innen pilgern Zeit in Stille.*
Im Anschluss daran wird das Lied Geh mit uns gesungen.

Lied: Geh mit uns, auf unserm Weg

Abschlussandacht: Maria ist für uns da

→ *Am Kirchenportal bekommen die Kinder Blumen als „Geschenk" für Maria in die Hand.*

Lied: Liebe Mutter Gottes, jetzt ist Mai (alternativ: Mutter und Schwester)

Begrüßung und Eröffnung

L: Liebe Kinder, liebe Eltern! Ein gemeinsamer Weg liegt hinter uns. Jetzt sind wir endlich hier in ... angekommen, um unsere Wallfahrt abzuschließen und eine Andacht zu feiern. Wir haben Lena und ihr Tagebuch kennen gelernt. Wie Lena möchten auch wir manchmal mutiger sein. Wie sie haben wir manchmal Probleme mit unseren Eltern und unsere Eltern mit uns. Und wie sie kennen wir das Gefühl, verlassen zu sein.
Schließlich haben wir erfahren, dass auch Maria, die Mutter Jesu, ein Mensch wie wir war. Ein Mensch, ein Vorbild für uns, von dem wir vieles lernen können.
Jetzt wollen wir noch mehr von Maria hören. Deshalb haben wir eine Frau eingeladen, die für uns in die Rolle der Maria schlüpft. Ein Reporter befragt sie in einem Interview. Hören wir einmal gespannt zu.

Interview mit Maria

R: Du bist doch Maria, die Muter von Jesus. Es ist schön, dass wir heute mit dir reden dürfen. Was machst du denn den ganzen Tag?

M: Ich höre den Menschen zu, wenn sie beten. Wenn ich sehe, dass ein Kind traurig ist, dann will ich es trösten.

R: Aber du bist doch nicht nur für die Kinder da, wenn es ihnen schlecht geht, oder?

M: Nein, nein. Ich freue mich natürlich sehr, wenn die Kinder glücklich sind und sich wohl und geborgen fühlen. Ich möchte ihnen zeigen, wie schön es ist, an Gott zu glauben. Denn er ist immer bei uns und tröstet uns, wie ein guter Vater und eine gute Mutter. Das hat er auch bei mir getan, als ich mit Jesus, meinem Sohn, bei euch auf der Erde gelebt habe. Ich habe ganz fest auf Gott vertraut. Er hat mir immer geholfen, auch wenn ich ihn nicht immer verstanden habe.

R: Nun, Maria, du liebst die Kinder und du liebst Gott. Was magst du sonst noch besonders gerne?

M: Ich mag die Natur, ganz besonders gern habe ich die Blumen, die jetzt auf den Wiesen und in den Gärten blühen.

R: Und warum ausgerechnet die Blumen?

M: Weil sie so schön bunt und verschieden sind. So wie unser Leben. Kein Tag ist wie der andere, aber jeden Tag hält Gott seine Hand über uns. Wir dürfen jeden Tag aufstehen und uns auf das Leben freuen, so wie die Blumen jedes Jahr in der Erde neu erwachen, wachsen und blühen. Sie wachsen, auch wenn der Winter noch so kalt war oder manches schlechte Wetter kommt. So ist es auch mit uns Menschen.

R: Die Blumen sind ein Bild für uns Menschen? Das ist ja schön.

M: Ja, und deshalb freue ich mich besonders, dass ihr mich heute in dieser Kirche besucht und mir Blumen bringt. Und vergesst nie: Ich bin immer für euch da!

Aktion: Blumenlegen

→ *Die Kinder bringen Maria Blumen. Sie legen diese an der Marienfigur ab. Währenddessen wird Instrumentalmusik gespielt.*[22]

Überleitung

L: Wir haben Maria mit unseren Blumen begrüßt. Nun wollen wir unseren Gruß noch einmal in Worte fassen, indem wir gemeinsam das Gegrüßet seist du Maria beten.

Gegrüßet seist du Maria (mit Gesten)

A: Gegrüßet seist du Maria

→ *Hände zusammenlegen oder falten und sich verneigen.*

voll der Gnade.

→ *Hände lösen und nach unten, außen, oben führen (Kreis beschreiben).*

Der Herr ist mit dir.

→ *Hände über dem Kopf wie eine offene Schale halten.*

Du bist gebenedeit unter den Frauen

→ *Hände vor der Stirn zusammenlegen oder falten und mit beiden Daumen ein Kreuz auf die Stirn zeichnen.*

---

22 Sollte die Wallfahrt im Mai stattfinden, kann alternativ auch das Lied ‚Der Mai schenkt uns Blumen' gesungen werden. Das Lied befindet sich auf der beigefügten CD-ROM.

und gebenedeit ist die Frucht deines Leibes, Jesus.

→ *Hände nach unten führen und auf den Bauch legen.*

Heilige Maria, Mutter Gottes,

→ *Hände vor dem Bauch zu einer Schale formen.*

bitte für uns Sünder

→ *Hände über der Brust kreuzen.*

jetzt und in der Stunde unseres Todes. Amen.

→ *Sich in dieser Haltung verneigen.*

Fürbitten

L: Maria, durch dich bitten wir deinen lieben Sohn Jesus Christus:

Kind 1: Schenke allen Kindern Geborgenheit in ihrer Familie. **A:** Maria, bitte für uns!

Kind 2: Schenke allen einsamen und traurigen Kindern Menschen, die sie lieb haben ...

Kind 3: Schenke allen Eltern Geduld mit uns Kindern ...

Kind 4: Schenke allen Menschen auf der Welt viel Liebe und Fürsorge für unsere Umwelt ...

Kind 5: Schenke uns Mitleid mit allen kranken und einsamen Menschen ...

Kind 6: Schenke uns allen, die wir jetzt zusammen beten, immer Freude, und lass uns auch daheim gerne mit dir sprechen ...

Kind 7: Schenke uns ein offenes Herz, damit wir erkennen, wo wir gebraucht werden ...

L: All unsere Bitten an Gott fassen wir zusammen, indem wir das Gebet beten, das Jesus uns gelehrt hat.

Vater unser

Segen

L: Auf die Fürsprache von Maria, der Mutter Jesu, die ein Mensch war wie wir und unsere Freuden und Sorgen kennt, segne und behüte uns der gute Gott, der +Vater, der Sohn und der Heilige Geist. Amen,

Lied: Ohr, das den Ruf vernahm (Strophen 1-3)

Besinnungswege

Was uns die Parkbank erzählen kann – Ein Besinnungsweg durch den Ort

Vorüberlegungen

Diese Idee richtet sich an Familien mit Kindern bis zu 12 Jahren. Er sieht vor, dass im Heimatort, im Dorf, in der Stadt oder im Stadtteil verschiedene Plätze aufgesucht und mit einem Aspekt des täglichen Lebens in Verbindung gebracht werden. Durch Übungen, Gespräche, Geschichten und Impulse werden die jeweiligen Themen vor Ort dargeboten und vertieft. Auch Spiel und Spaß kommen nicht zu kurz. Bei der Formulierung der Texte und Auswahl der Geschichten wurde versucht, eine Mischung zwischen anspruchsvolleren und kindgemäßeren Texten zu erreichen. Kinder sollten in ihrem Verständnis für philosophische Inhalte nicht unterschätzt werden. Schwierige Inhalte können ihnen oft dadurch zugänglich gemacht werden, dass die Zusammenhänge mit einfachen Worten beschrieben werden. Sie werden staunen, welch gute Beiträge Kinder leisten können.

Der Wegbeginn und der Abschluss sollten im selben Raum stattfinden. Achten Sie wegen der Legearbeiten am Schluss auf ausreichend Platz. Im vorliegenden Modell werden acht Stationen angeboten. Bitte wählen Sie aus den Haltepunkten nicht mehr als vier aus, die Sie mit den Familien auf ihrem Besinnungsweg gestalten wollen. Kinder haben zwar in der Regel keine Probleme, eine längere Strecke zu gehen, gedanklich sollten Sie sie aber nicht durch zu viel Input überfordern. Wählen Sie Haltepunkte aus, die zu Ihrem Ort passen und zu Fuß gut zu erreichen sind. Beziehen Sie auch kleine „Heiligtümer" in Ihrem Ort ein, zum Beispiel Wegkreuze, Marienfiguren oder andere religiöse Symbole. Ein kurzes Verweilen, vielleicht ein Gebet genügt, damit die Teilnehmer/innen etwas bewusst wahrnehmen, woran sie sonst immer vorübergehen. Scheuen Sie sich nicht vor dem Haltepunkt Friedhof. Diese Einheit wird oftmals als sehr tief erlebt.

Insgesamt sollten es nicht mehr als 20 Personen sein, die sich mit Ihnen auf den Weg machen. Bieten Sie, falls Interesse besteht, den Besinnungsweg lieber noch ein zweites Mal an. Auch bei diesem Besinnungsweg gilt: Ein Instrument auf dem Weg bereichert das Angebot ungemein.

Material

- □ Lied-/Gebetsblatt
- □ Ortsplan
- □ Zettel, Stifte (Bauernhof/Streichelzoo/Zoogeschäft)
- □ Ziegelstein und Kreide (Baustelle)
- □ evtl. Ball (Fußballspiel)
- □ Seil und Klebestreifen (Brücke)
- □ Grablichter, Laub, Erde (Friedhof)
- □ Blätter, Blüten, kleine Bälle, Federn, kleine Kreuze, Steinchen, Teelichter, kleine Seile, weiteres Legematerial nach Wahl, Tücher (Abschluss)

Abkürzungen

L = Leitung
E = Erzähler/in
A = Alle

Wegbeginn

→ *Im Raum ist ein Stuhlkreis vorbereitet. In der Mitte steht auf einem Tuch eine Kerze, daneben liegt ein Ortsplan.*

Begrüßung

L: Zu unserem Besinnungsweg möchte ich sie und euch alle herzlich begrüßen. Wir wollen uns gemeinsam auf einen Weg machen. Wohin uns dieser Weg führt, das können wir in der Mitte, hier auf dem Ortsplan, sehen.

Gespräch

→ *Die Kinder dürfen sich in die Mitte um den Ortsplan setzen und betrachten diesen gemeinsam. Die Leitung führt mit Impulsfragen durch das Gespräch.*

L: Seht euch den Plan an:
Kannst du zeigen, wo du wohnst?
Welche anderen Orte besuchst du regelmäßig?
Du hast sicher einen Platz hier in ..., an den du am liebsten gehst?
Was gefällt dir an unserem Ort?
Gibt es auch etwas, das dir nicht so gut gefällt?

L: Heute wollen wir unseren Ort einmal ganz anders wahrnehmen als sonst. Wir wollen an Häusern und Plätzen stehen bleiben und erfahren, was uns diese Orte sagen können. Das kann nämlich sehr viel sein. Beginnen wir unseren Weg gemeinsam: im Namen des +Vaters und des Sohnes und des heiligen Geistes. Amen.

Weggebet

L: Ein Weg liegt vor mir. Ich will ihn gehen.
Ich will den Grund spüren, der mich trägt:
den Asphalt, die Steine, die Erde.
Ich will meinen Heimatort sehen, die Straßen, die Häuser, die Plätze,
alle Kostbarkeiten, die er verbirgt.
Ich will das Leben spüren, das mir begegnet:
die Blätter im Wind, die Vögel, (*Beispiele aus dem Ort*), die Gespräche unterwegs.
Ich will offen sein für das, was mir begegnet.
Ich will die Chancen nutzen.
Ein Weg liegt vor mir. Ich will ihn gehen.
Gott, begleite mich dabei.

Lied: Wegweiser

Spielplatz: Leben heißt, in Bewegung sein

→ *Die Teilnehmer/innen versammeln sich an einem Spielplatz - am besten in der Nähe einer Schaukel. Nachdem Ruhe eingekehrt ist, beginnt die Erzählung der Geschichte.*

Geschichte

E: Es gab einmal einen Maler, der bekam von einem reichen Mann den Auftrag, das Leben in einem Bild darzustellen. Als das Bild fertig war, war der reiche Mann sehr gespannt. Vielleicht hatte der Maler einen Baum als Lebensbaum oder einen Weg als Lebensweg oder das Wasser als Quelle allen Lebens gemalt? Der Maler führte den reichen Mann in sein Atelier. Auf der Staffelei stand ein Ölgemälde. Erstaunt starrte der reiche Mann auf das Bild. Seine Augen schienen zu fragen: „Das soll das Leben symbolisieren?" Der Maler nickte, als hätte er die Gedanken des Mannes hören können, und erklärte: „Ja, ich habe eine Schaukel gemalt. Sie stellt für mich am besten dar, was Leben ist." Und er zeigte auf die Schaukel auf seinem Gemälde, die nicht starr nach unten hing, sondern Anlauf nahm zum Aufschwung. „Sitzen Kinder oder Paare darauf, ist sie ständig in Bewegung wie das Leben. Ihr Prinzip ist das Auf und Ab. Gleich den Höhen und Tiefen, die jeder in seinem Leben erlebt." Nach einer Pause fügte er hinzu: „Wenn man eine schwingende Schaukel genau betrachtet, dann erkennt man: Sie ist immer in Bewegung, wie das Leben. Wenn sie schwingt, hat sie mehr Höhen als Tiefen. Das ist doch eine schöne Vorstellung!" Darauf sagt der reiche Mann: „Das ist wahr. Und wenn ich Tiefen durchlebe, habe ich die Gewissheit, dass ich gehalten werde."[23]

Übung und Gespräch

→ *Ein Kind darf sich auf eine Schaukel setzen und schaukeln. Die anderen Teilnehmer/innen beobachten das Kind.*

L: Was muss ... tun, damit sich die Schaukel in Bewegung setzt?

→ *(Sich bewegen, Beine nach vorne/hinten strecken, Oberkörper zurück/nach vorne lehnen, immer wieder, Kraft aufwenden.)*

Und was ist mit den Kindern, die selbst noch nicht schaukeln können?

→ *(Sie werden angeschoben.)*

Was passiert, wenn ... ihre/seine Beine nicht mehr nach vorne und hinten schwingt?

→ *(Sie/er bleibt irgendwann stehen.)*

L: Der Maler hat das Leben als eine Schaukel dargestellt. Wie auf einer Schaukel sind auch wir in unserem Leben immer in Bewegung. Ich kann mich mehr weniger bewegen. Auch langsames Schaukeln kann Freude machen.

23 © Heribert Haberhausen.

Wenn ich mich gar nicht bewege, bleibe ich stehen. Auch das ist manchmal wichtig, um sich auszuruhen und sich etwas genauer anzusehen.
Eine Schaukel schwingt. Einmal geht es hoch, einmal hinunter. Auch das ist wie in unserem Leben. Es hat Höhen und Tiefen. Und so wie es bei der Schaukel nach jeder Taldurchfahrt wieder nach oben geht, so hat auch das Leben mehr Höhen als Tiefen. Auch wenn ich mal unten bin: ich komme aus jeder Tiefe wieder heraus.
Wenn ich keine Kraft mehr habe, kann ich mir von anderen helfen lassen.
Wenn ich noch nicht alleine in Bewegung komme, geben mir andere ihre Kraft, bis ich es selbst kann. Im Leben sind zum Beispiel Familie, Freunde und Lehrer da, die mir den Anstoß geben, damit ich vorwärts komme.
Auch Gott kann mir eine Kraftquelle sein, die mir Anstöße zum Leben gibt und mir aus Tiefen wieder heraushelfen kann.

Aktion
Freies Spielen auf dem Spielplatz.

Parkbank: Leben heißt, einander zuhören

Einführung und Übung: Die Parkbank zum Sprechen bringen

L: Bist du schon einmal auf dieser Parkbank gesessen? Menschen setzen sich gerne auf Parkbänke. Sie können dort ausruhen, schauen, lesen, essen, reden und vieles mehr.
Stelle dir nun vor, diese Parkbank könnte sprechen. Sie hätte sicher viele Geschichten zu erzählen. Wer mag, darf sich nun auf die Parkbank setzen und ihr seine Stimme leihen.

→ *Einige Kinder dürfen von den Erlebnissen der Parkbank berichten. Die Leitung kann eventuell selbst mit einem Beispiel beginnen. Leitfragen können sein:*
Was hat die Parkbank vielleicht schon erlebt? Wer hat alles auf ihr gesessen?
Was haben die Leute getan?

Übung: Familiengespräch

L: Viele Menschen setzen sich auf Parkbänke, um sich miteinander zu unterhalten. Sich mit jemanden hinzusetzen zeigt, dass ich mir Zeit für ihn nehmen will, dass ich zuhören möchte. Vielleicht habe ich selbst etwas auf dem Herzen, das ich erzählen möchte und freue mich, wenn sich ein anderer für mich Zeit nimmt und mir zuhört. Ihr seid nun eingeladen, euch als Familie ganz bewusst Zeit füreinander zu nehmen, miteinander zu sprechen und einander zuzuhören. Jede und jeder von euch darf von etwas erzählen, was sie oder ihn in der vergangenen Woche bewegt hat. Ein schönes Erlebnis, eine Erfahrung, aber auch etwas, das nicht so schön war.

→ *Die Familien tauschen ihre Erlebnisse aus.*

Gebet:

L: Guter Gott, eine Parkbank auf dem Weg tut MIR gut. Sie erinnert mich daran, Rast zu machen, ruhig zu werden, die Zeit ein wenig anzuhalten. Ich tanke Kraft und Energie, um weiterzugehen.
Guter Gott, eine Parkbank auf dem Weg tut UNS gut. Sie erinnert uns daran, uns Zeit füreinander zu nehmen, einander zuzuhören, einfach ganz da zu sein: mit Augen, Ohren, Mund und Herz.
Guter Gott, eine Parkbank auf dem Weg tut DIR und MIR gut. Sie erinnert MICH daran, dir einen Platz an meiner Seite zu geben. Sie erinnert DICH daran, dass ich dich brauche.
Guter Gott, ich frage mich immer wieder: Haben wir eigentlich genug Parkbänke und nutzen wir sie auch?

Lied: Suchen und Fragen

Bauernhof/Streichelzoo/Zoogeschäft: Leben hat viele Gesichter

Gespräch

L: Dieser Ort, an dem wir jetzt angekommen sind, hat ganz besondere Bewohner. Weißt du, welche ich meine? (*Tiere*)
Magst du Tiere? Hast du ein Haustier? Wie heißt es?
Was magst du am liebsten an deinem Haustier?
Wenn du dir irgendein Tier aussuchen dürftest, für welches würdest du dich entscheiden? Was gefällt dir daran?

Übung: Tiere beobachten

→ *Jede Familie sucht sich ein Tier aus und beobachtet es für eine Weile. Sie erhält einen Stift für Notizen und einen Zettel mit folgenden Fragen. (Ein entsprechendes Formblatt findet sich auf der CD-ROM)*

Wir schauen uns das Tier genau an, jedes Körperteil, jedes Gliedmaß.
Wie groß ist es etwa?
Womit ist es bedeckt: Fell? Federn? Haut? Borsten?
Wie bewegt es sich?

Gibt es ein Geräusch von sich?
Reagiert es auf unsere Anwesenheit?
Sehen wir, was es gerne frisst?
Ist es alleine oder lebt es in einer Gruppe?
Was gefällt uns am besten an diesem Tier?

→ *Vielleicht können die Familien das von ihnen gewählte Tier einmal berühren und streicheln. Klären Sie es im Vorfeld mit dem Besitzer ab.*

Gespräch

→ *In einer offenen Runde tauschen sich die Teilnehmer/innen über ihre Erfahrungen aus.*

Überleitung

L: Ihr habt von den Tieren erzählt, die ihr hier in/am ... beobachtet habt. Es sind viele Tiere. Man glaubt, dass es auf der Erde zwischen 10 und 100 Millionen verschiedener Tierarten gibt. Wie viele es genau sind, weiß niemand so genau. Jeden Tag werden neue Arten entdeckt. Wir glauben, dass Gott sie in dieser Vielfalt geschaffen hat und sie uns Menschen anvertraut hat.
Auch Pflanzen sind Geschöpfe Gottes. Sie machen uns Freude und wir brauchen sie zum Leben.
Tiere und Pflanzen sind eine wunderbare Erfindung Gottes. Das wussten auch schon die Menschen, die die Bibel geschrieben haben. Sie wollten Gott danken für das, was er erschaffen hat. In der Bibel gibt es Texte, die sind wie Lieder geschrieben. Man nennt diese Texte Psalmen. Einen Psalm wollen wir jetzt miteinander beten.

Psalmgebet

L: Gott, du bist unser Schöpfer. Wir loben dich. **A:** Wir preisen dich.
Du bist groß und hast unsere Welt herrlich gestaltet. Wir loben dich. **A:** Wir preisen dich.
Du hast die Sonne gemacht, sie schenkt uns warmes Licht. Wir loben dich. **A:** Wir preisen dich.
Du hast den Mond gemacht, der uns die Nacht erhellt. Wir loben dich. **A:** Wir preisen dich.
Du hast Himmel und Erde geschaffen und das Wasser vom Land getrennt. Wir loben dich. **A:** Wir preisen dich.
Du hast Lebensraum geschaffen für Menschen, Tiere und Pflanzen. Wir loben dich. **A**: Wir preisen dich.
Du gibst ihnen, was sie zum Leben brauchen:
Das Wasser, das Lebenskraft spendet. Das Licht, das Wachstum gibt.
Die Luft, die Atem schenkt. Wir loben dich. **A:** Wir preisen dich.

Du hast uns Menschen alle Tiere und Pflanzen anvertraut.
Wir sollen wie gute Hirten sein, sie schützen und bewahren.
Denn du hast uns als dein Bild geschaffen. Wir loben dich. **A:** Wir preisen dich.
Gott, unser Schöpfer, du bist groß und hast unsere Welt herrlich gestaltet. Wir loben dich **A:** Wir preisen dich.

(nach Psalm 104)

Lied: Laudato si (Strophen 1-6)

Baustelle: Leben braucht Ziele

→ *Dieser Haltepunkt bietet sich an, wenn in Ihrem Ort gerade ein Haus gebaut wird. Kinder finden Baustellen meistens sehr interessant. Sprechen Sie vorher mit dem Bauherrn. Es wäre gut, wenn er bei Ihrem Baustellenbesuch anwesend wäre. Betreten Sie die Baustelle nicht ohne die Erlaubnis des Bauherrn und achten Sie besonders auf die Sicherheit der Kinder. Versuchen Sie, bei diesem Haltepunkt ganz bewusst, die Erwachsenen einzubinden. Für die Kinder alleine ist die Deutung der Geschichte recht schwierig, dafür die „Location" umso spannender.*

Einführung

L: Wir sind in der *(Name der Straße)* angekommen. Hier geschieht etwas ganz Spannendes. Schaut euch die Baustelle genau an. Was ist denn schon zu erkennen? Was wird wohl als nächstes gebaut?
Fangen wir einmal ganz unten an. Du weißt sicher auch, was man braucht, damit ein Haus fest auf der Erde steht. *(Fundament)*
Man braucht jede Menge Material für so ein Haus. *(Kinder zählen auf)*
Das Material muss aber auch verarbeitet werden. Kennst du Menschen, die an so einer Baustelle arbeiten?

Überleitung

L: Viele Menschen mit unterschiedlichen Berufen arbeiten daran, so ein Haus zu bauen. Die Arbeit am Bau ist anstrengend. Oft sind die Arbeiter am Abend sehr müde. Gerade die Maurer haben einen schweren Job. Wir hören eine kleine Geschichte von drei Bauarbeitern.

Geschichte: Was tust du?

E: Drei Bauarbeiter sind dabei, Steine zu behauen, als ein Kind dazu kommt und den ersten Arbeiter fragt: „Was tust du?" „Siehst du das denn nicht?", meint der und sieht nicht einmal auf. „Ich behaue Steine!" „Und was tust du da?", fragte das Kind den zweiten. Seufzend antwortete der: „Ich verdiene Geld, um für meine Familie Brot zu beschaffen. Meine Familie ist groß." Das Kind fragte auch den dritten: „Was tust du?" Dieser blickt hinauf in die Höhe und antwortet leise: „Ich baue einen Dom!"[24]

Gespräch

L: Die drei Arbeiter machen das Gleiche. Als sie aber gefragt wurden, was sie tun, sagt jeder etwas anderes. Komisch. Was meint Ihr dazu? (*Die Teilnehmer/innen äußern Gedanken.*)

Zusammenfassung

L: „Ich behaue Steine!" Der erste Arbeiter sagt, was er wirklich in diesem Moment tut. Er hat recht. „Ich verdiene Geld, um für meine Familie Brot zu beschaffen!"
Der zweite gibt auch eine richtige Antwort, auch wenn sie anders ist als die erste. Er nennt den Grund, warum er arbeitet: Geld verdienen. „Ich baue einen Dom!"
Der dritte Arbeiter gibt eine ganz andere Antwort. Er sieht das Ganze, er blickt in die Zukunft, er hat ein Ziel vor Augen. Er wirkt froh und zuversichtlich.
So ein Hausbau kann auch ein Bild für unser Leben sein. Wir Menschen sind wie Arbeiter am Haus unseres Lebens. Es ist gut, wenn wir nicht nur die Arbeit und die Lasten des Alltags sehen, sondern auch Ziele haben, für die wir uns anstrengen. Dabei geht es nicht nur um Sachen wie ein Haus oder ein tolles Auto. Es gibt auch andere Ziele im Leben.

Übung: Meine Ziele

→ *Die Teilnehmer/innen bekommen nun einen Ziegelstein und ein Stück Kreide. Auf dem Stein können die Antworten auf folgende Fragen notiert werden: Was ist mein wichtigstes Ziel im Leben? Was wünsche ich mir für die Zukunft? Was möchte ich einmal erreicht haben? Für die Kinder: Was möchtest du einmal werden?*

Gespräch: Präsentation der Ziegelsteine

→ *Die Teilnehmer/innen stellen, wenn sie möchten, ihre Ziegelsteine vor. Sie können zu einem kleinen Haus aufgebaut werden.*

Aktion: Gespräch mit dem Bauherrn

→ *Vielleicht führt der Bauherr die Gruppe durch sein Haus? Oder er erklärt von außen, welche Räume wo entstehen? Fragen Sie ihn, wie es ihm zur Zeit mit dem Bau geht, was ihm vielleicht Sorgen macht, worauf er sich freut ...*

Lied: Komm, bau ein Haus

---

24 Nach Manfred Frigger. Aus: Typisch! Kleine Geschichten für andere Zeiten, Hamburg: Andere Zeiten e.V. 2005. www.anderezeiten.de.

Fußballplatz: Leben braucht Spielregeln

Gespräch

L: Haben wir heute Fußballer unter uns?
Was gefällt dir beim Fußballspielen am besten?
Manchmal macht das Spiel keinen Spaß. (*Fouls, ungerechte Schiedsrichterentscheidungen, Rückstand, ...*)
Was ist wichtig für ein Fußballspiel? (*Spielregeln*)
Du kennst sicher jede Menge Spielregeln beim Fußball?

L: Ich finde, in unserem Leben geht es manchmal auch zu wie bei einem Fußballspiel.
Es gibt Mitspieler. (*Familie, Klasse, Freunde, ...*)
Es gibt Spielfelder. (*Zuhause, Schule, Verein, ...*)
Es gibt Siege und Niederlagen. (*Gute und schlechte Noten, Erfolg und Versagen, ...*)
Es gibt Spielregeln. (*Die Kinder sammeln Regeln aus dem Alltag.*)
Was hältst du von diesen Regeln? (*Diese Regeln helfen uns im Leben gut zurecht zu kommen.*)
Kennst du auch Regeln, die von Gott kommen?

Gebet: Gib mir Kraft und Ausdauer

L: Gott, manchmal stehe ich im Abseits.
Das Leben scheint nur aus roten Karten und Auswechslungen zu bestehen.
Hilf mir, zur rechten Zeit am richtigen Platz im Spielfeld meines Leben zu stehen und ein fairer Mitspieler zu sein.
Gib mir die Kraft und Ausdauer, auch nach Niederlagen nicht aufzugeben.
Lass mich erkennen, dass das Leben wie ein Fußballspiel Regeln braucht.
Hilf mir, ein Spieler in einem Team zu werden,
in dem ich für andere wichtig bin und andere für mich wichtig sind.
Ich bin nicht allein im Stadion meines Lebens.
Es gibt Mannschaftskollegen und Zuschauer, auf die ich bauen kann.
Danke, lieber Gott. Amen.[25]

Aktion

Lust auf ein kleines Fußballspiel?

→ *Alle Teilnehmer/innen, die möchten, dürfen miteinander Fußball spielen.*

---

25 Anna Hollekamp, Gib mir Kraft und Ausdauer, aus: Marcus C. Leitschuh/Bruder Paulus Terwitte/Klaus Vellguth, Play & Pray – Das Jugendgebetbuch zur Fu0ball-WM 2006. © Butzon & Berker GmbH, Kevelaer, S. 32, www.bube.de

Brücke: Leben heißt Versöhnung

Gespräch

L: Wir stehen an einer Brücke.
Warum bauen Menschen Brücken? Was gefällt dir an dieser Brücke am besten?

Spiel: Seilziehen

→ *Die Mitte der Brücke wird mit einem Klebestreifen markiert. Es bilden sich zwei gleich große (und auch ungefähr gleich starke) Gruppen. Auf den Klebestreifen wird die Mitte eines Seiles gelegt. Jede Mannschaft geht an das eine Ende des Seiles. Auf ein Startzeichen hin ziehen beide Teams am Seil. Das Team, das es schafft, die andere Mannschaft über den Klebestreifen zu ziehen, hat gewonnen.*

Überleitung

L: Mit aller Kraft habt ihr versucht, die andere Mannschaft zu besiegen. Dabei zählte nur der Sieg. Eine Mannschaft hat sich gegen die andere behauptet. Zum Glück war es nur ein Spiel. Im Leben kämpfen wir oft mit Worten. Und das machen wir nicht nur im Spiel, sondern aus purem Ernst. Wie Max und Peter.

Geschichte: Die Brücke

E: Max und Peter waren Schüler der dritten Klasse. Sie wohnten einander gegenüber in derselben Straße einer kleinen Stadt. Früher waren sie dicke Freunde gewesen: dann war es aus einem unerfindlichen Grund zum Streit gekommen, und sie hatten begonnen, einander wie böse Feinde zu hassen. Lief Max aus dem Tor seines Hofes, so schrie er über die Straße: „He, du Dummkopf!" Und er zeigte dem früheren Freund die Faust. Und Peter gab zurück: „Wie viele solcher Mistkäfer, wie du einer bist, gehen wohl auf ein Kilo?" Dabei drohte auch er mit der Faust. Ihre Schulkameraden versuchten mehrmals, die beiden zu versöhnen, aber alle Mühe war umsonst: Sie waren richtige Starrköpfe. Schließlich fingen sie an, einander mit Schmutzklumpen zu bewerfen.

Einmal regnete es besonders stark. Dann verzogen sich die Wolken, und die Sonne zeigte sich wieder, aber die Straße stand unter Wasser. Wer sie überqueren wollte, tastete mit dem Fuß ängstlich nach der Tiefe des Wassers und wich wieder zurück.

Max trat aus dem Haus, blieb beim Hoftor stehen und schaute mit Vergnügen um sich: Alles war so sauber und frisch nach dem Regen und glänzte in der Sonne. Plötzlich aber verfinsterte sich sein Gesicht. Er sah seinen Feind Peter am jenseitigen Hoftor stehen. Und er sah auch, dass Peter einen großen Stein in der Hand hielt.

„Soso", dachte sich Max, „du willst also einen Stein nach mir werfen. Nun gut, das kann ich auch!" Er lief in den Hof zurück, suchte und fand einen Ziegel und lief wieder auf die Straße, zur Abwehr bereit. Doch Peter warf den Stein nicht nach dem Feind. Er kauerte sich an den Straßenrand und legte ihn behutsam ins Wasser. Dann prüfte er mit dem Fuß,

ob der Stein nicht wackle, und verschwand wieder. Der Stein sah wie eine kleine Insel aus.

„Ach so", sagte sich Max „Das kann ich auch." Und er legte seinen Ziegel ebenfalls ins Wasser. Peter schleppte schon einen zweiten Stein herbei. Vorsichtig trat er auf den ersten und senkte den zweiten ins Wasser, in einer Linie mit dem Ziegel seines Feindes. Dann holte Max drei Ziegelsteine auf einmal. So bauten sie einen Übergang über die Straße. Leute standen zu beiden Seiten: sie schauten den Knaben zu und warteten. Schließlich blieb nur ein Schritt zwischen dem letzten Ziegel und dem letzten Stein. Die Knaben standen einander gegenüber. Seit langer Zeit blickten sie sich zum ersten Mal wieder in die Augen, und Max sagte: „Ich habe eine Schildkröte. Sie lebt bei uns im Hof. Willst du sie sehen?"[26]

Gespräch

→ *Die Leitung führt mit Impulsfragen durch das Gespräch.*

L: Was ist zwischen Max und Peter passiert?
Warum konnten sie sich nicht leiden?
Was hat sich Peter gedacht, als er begann, eine Brücke aus Steinen zu Max zu bauen?
Wie fühlten sich Max und Peter, als sie sich nach langer Zeit wieder gegenüber standen?
Warst du schon einmal mit jemandem richtig zerstritten?
Wie habt ihr euch wieder versöhnt?

→ *Die Kinder/ Teilnehmer/innen erzählen Versöhnungsgeschichten.*

Übung

Die Teilnehmer/innen teilen sich wieder in zwei Gruppen auf. Eine Gruppe befindet sich am linken, die andere am rechten Ende der Brücke. Jede Gruppe bekommt einen Korb mit Steinen: Nun werden in jedem Team Vorschläge erörtert, was man tun kann, um sich nach einem Streit wieder zu versöhnen. Anschließend werden die Vorschläge abwechselnd von jeder Gruppe ausgesprochen. Zu jedem Vorschlag wird jeweils ein Stein auf die Brücke gelegt, wobei außen begonnen und ein Weg zur Brückenmitte gelegt wird. Anschließend gehen die beiden Teams an ihren Steinen entlang zur Mitte und vereinen sich so wieder zu einer großen Gruppe.

Lied: Wenn einer sagt (Strophen 1+2)

---

26 „Die Brücke", Natali Oettli. Aus: Vorlesebuch Religion 1, Dietrich Steinwede, Sabine Ruprecht. © Petersen Verlag, Hamburg-AAP Lehrerfachverlage GmbH.

Friedhof: Leben ist vergänglich

Gespräch

L: Eure Eltern kennen diesen Ort. Wisst auch ihr, Kinder, wo wir hier sind? Möchte jemand etwas über diesen Ort erzählen?

Aktion: Wir besuchen die Gräber unserer Angehörigen (Familienzeit)

→ *Jede Familie erhält ein Grablicht und Streichhölzer. Die Eltern gehen mit ihren Kindern zu den Gräbern ihrer Angehörigen und erzählen den Kindern von den Verstorbenen. Die Familie darf das Licht anzünden, vielleicht ein Gebet sprechen. Wenn eine Familie kein Familiengrab auf diesem Friedhof hat, kann sie umhergehen und sich die Gräber anschauen. Welche Symbole sind auf den Grabsteinen angebracht? Womit ist ein Grab geschmückt? Vielleicht findet sich das Grab eines Bekannten. Auch dort kann das Licht entzündet werden.*

→ *Wichtig: Wenn eine Familie keinen Grabgang machen möchte, dann kann die Zeit für einen kleinen Familienspaziergang genutzt werden. Das Besuchen der Gräber muss freiwillig erfolgen. Den Familien sollte etwa 20 Minuten Zeit für ihren Besuch eingeräumt werden.*

Katechese: Alles ist vergänglich

Laub

→ *Bitten Sie die Teilnehmer/innen , einen Kreis zu bilden. In die Mitte legen sie ein Tuch (grün oder violett), auf dem Sie Laub verteilen (bestenfalls Herbstlaub, ansonsten Blätter, die zu trocknen beginnen).*

L: Wir sehen in der Mitte Laub. Wie sieht es aus?
Wer möchte, darf in die Mitte gehen und das Laub befühlen.
Wenn ein Blatt vom Baum fällt, wenn der Wind es herabweht, bleibt es auf der Erde liegen. Was geschieht damit? (*Die Blätter verändern sich allmählich, werden immer trockener und bröselig und werden zu Erde.*)

Erde

→ *Geben Sie eine Schale mit frischer Erde herum. Jeder, der möchte, darf in die Erde greifen und sie fühlen. Dann wird die Schale in die Mitte gestellt.*

L: Wenn die Blätter noch länger auf der Erde liegen, dann wird aus ihnen solche frische Erde. Sie ist feucht und sehr fruchtbar. Was könnten wir tun?
Wenn auf die Erde Samen fallen, dann wächst aus der Erde etwas Neues, frische Pflänzchen.

Zusammenfassung und Transfer:

L: Was haben das Laub und die Erde mit dem Ort hier, dem Friedhof zu tun?
Wir haben gesehen, dass die Blätter sich verändern, wenn sie vom Baum gefallen sind. Sie werden bunt, dann braun, und dann zerfallen sie zu neuer Erde. Das ist ein biologischer Vorgang. So ähnlich ist es auch mit den Körpern von Menschen, die gestorben sind und hier auf dem Friedhof in den Gräbern liegen. Wenn ein Mensch gestorben ist, zerfällt sein Körper langsam und wird zu Erde. Wir Christen glauben aber, dass Gott uns Menschen nach dem Tod ein neues Leben schenkt. Das hat auch Jesus einmal gesagt. Er sagte: „Wer an mich glaubet, wird leben, auch wenn er stirbt." Wir leben dann aber nicht mehr hier auf der Erde, sondern fangen ein ganz neues Leben an bei Gott. Wie dieses Leben genau sein wird, wissen wir nicht. Aber wir haben die Hoffnung, dass wir dann bei Gott ganz aufgehoben sind.

Lied: Kleines Senfkorn Hoffung

Abschiedsritual

→ *Jede Familie darf sich eines der Blätter in der Mitte nehmen und nochmals zum Grab der/des Angehörigen gehen. Das Blatt wird dort abgelegt.*

Kirche: Bei Gott zu Gast

Vorbereitung

→ *Wenn Sie auf dem Besinnungsweg die örtliche Kirche besuchen möchten, dann versuchen Sie, jemanden zu gewinnen, der den Familien die Kirche erklären und erfahrbar machen kann. Fragen Sie den Pfarrer, Diakon oder einen hauptamtlichen Mitarbeiter. Auch viele Mesner/Küster kennen ihre Kirche sehr gut. Die Führung sollte nicht allzu lang dauern. Es soll bei dieser Führung nicht um bauhistorisches Wissen oder geschichtliche Zusammenhänge gehen, sondern um die Kirche als Haus Gottes. Die Fragen nach den Symbolen für Gott in der Kirche, nach Jesus, nach Heiligenfiguren und deren Bedeutung sind dabei besonders interessant.*

Meditation

→ *Die Familien suchen sich in der Kirche einen Ort, der ihnen am besten gefällt und setzen sich dort hin. Anschließend halten alle eine kurze Stille. In diese Stille hinein spricht die Leitung folgende Meditation:*

L: Ich sitze heute schweigend hier in der Kirche.
Heute bin ich bei dir, Gott, zu Gast.
Dein Haus ist beeindruckend, ganz anders als mein Zuhause.

Meine Blicke schweifen langsam hin und her, die Orte betrachtend,
Zeichen und Bilder, die voller Religion, voll tiefen Glaubens sind.
Ich betrachte das Kreuz.

Es hält mir Jesus Christus hin,
den Gekreuzigten,
alle durchkreuzten Hoffnungen.
Am dritten Tage aber ist er von den Toten auferstanden und hat auch uns
ein Leben nach dem Tod geschenkt.

Mein Blick bleibt vor dem Bild Marias stehen.
Viele kleine Kerzen leuchten vor ihr auf,
bewegen sich im leichten Windzug, der kaum spürbar ist,
nur erkennbar an dem, was er bewirkt.

Ich schaue auf ...

→ *(Ausstattungselemente der jeweiligen Kirche können eingefügt werden.)*

Durch die Kirchenfenster dringt Licht herein und füllt den Raum.
Manche Bereiche der Kirche sind hell, manche dunkel.
Hell und dunkel, Licht und Schatten, Ruhe und Bewegung,
ein Wechselbad der Wahrnehmungen durchzieht den Raum.[27]

So ist Kirche.
Nicht aus einem Guss, mit Ecken und Kanten,
voller Licht und voller Schatten,
voller scheinbarer Widersprüche,
starr, und doch in Bewegung.

- kurze Stille -

So bin auch ich.

Vater unser

Lied: Wie groß ist Gottes Liebe

→ *Beim Singen stellen sich die Familien um den Altar.*

27 Angelehnt an: Brockmann, Norbert, Angedacht 3, Ostfildern 2007, S. 148f.

Abschluss

Übung: Lebens-Mandala legen

→ *Jede Familie erhält ein Tuch, das sie auf den Boden legt. Anschließend dürfen die Familien aus bereitgelegten Gegenständen und Symbolen (Blätter, Blüten, kleine Bälle, Federn, kleine Kreuze, Steinchen, Teelichter, kleine Seile, weiteres Legematerial nach Wahl) ein Familienmandala gestalten. Eventuell erklären Sie vorher, was ein Mandala[28] ist. Das Familienmandala soll den Teilnehmer/innen helfen, ihre Gedanken und Gefühle auszudrücken, die sie am Ende des Besinnungsweges haben.*

Aktion: Mandalaausstellung

→ *Sind alle Mandalas gelegt, dürfen alle Teilnehmer/innen umhergehen und die Werke der anderen Familien betrachten. Die Familien können ihre Arbeiten auch gerne erklären.*

Segenswunsch

→ *Die Familien stehen bei ihren Legearbeiten.*

L: Herr, wir stehen bei unseren Mandalas. Wir schauen sie noch einmal genau an. Wir sehen Steine, Blätter, Lichter, ... Wir haben uns abgestimmt, einander zugehört, den anderen gelten lassen. Das Mandala ist bunt wie unser Leben. Wir haben all das in unsere Arbeit hineingelegt, was wir heute erlebt und gefühlt haben. Viele Gedanken nehmen wir heute mit nach Hause. Auch viele Fragen, die uns beschäftigen. Für heute aber soll sich der Kreis schließen und Ruhe einkehren, wie bei unserem Mandala. So segne uns der allmächtige Gott, der +Vater, der Sohn und der Heilige Geist. Amen.

Lied: Gott, dein guter Segen

Verabschiedung

→ *Für alle Familien, die ein Erinnerungsfoto von sich mit ihrem Mandala möchten, wird ein „Shooting" angeboten.*

28 Das Wort Mandala bedeutet so viel wie Kreis und bezeichnet ein kreisförmiges oder quadratisches symbolisches Gebilde mit einem Zentrum, um das sich alles dreht bzw. auf das hin alles ausgerichtet ist.

Lass es dir gut gehen! – Ein Besinnungsweg für Erwachsene

Vorüberlegungen

„Lass es dir gut gehen!“ Diesen Zuspruch brauchen viele Menschen. Das folgende Konzept eignet sich für Frauengruppen, Gruppen von Lehrer/innen und Erzieher/innen, ehrenamtliche Mitarbeiter/innen oder schlichtweg für alle, an die der Alltag viele Forderungen stellt.

Der gemeinsame Weg führt durch die Natur. An geeigneten Stellen wird eine „Atempause“ eingelegt. In jeder „Atempause“ regt eine einfache Tuschezeichnung zum Nachdenken und Meditieren, aber auch zum Gespräch und zur Bewegung an. Die Bilder zeigen sehr schlichte Skizzen. Sie lassen viele Interpretationen zu. Vor allem das letzte Bild, die losen Kreise, können sehr verschieden gedeutet werden. Von der Leitung wird daher Offenheit und Flexibilität verlangt.

Jede „Atempause“ schließt mit einem gemeinsamen Lied. Vielleicht findet sich jemand, der ein Instrument mit auf den Weg nimmt. Der Wegbeginn sollte in einem geschlossenen reizarmen Raum stattfinden, zum Beispiel in einer Kirche oder in einem Meditationszimmer. Es sollten nicht mehr als 15 Personen teilnehmen. Planen Sie ruhig einen längeren Weg ein. Sechs Kilometer sind ein guter Anhaltspunkt. Der zeitliche Rahmen liegt bei etwa vier bis fünf Stunden, wenn man an den „Atempausen“ gut verweilt und eine Essenspause einplant. Es empfiehlt sich, diesen Besinnungsweg am Vormittag anzubieten. Das Gehen fällt morgens leichter, man kann eine gemütliche Frühstückspause einlegen und zum Abschluss gemeinsam zu Mittag essen. So kommen alle Sinne zu ihrem Recht und die Teilnehmer/innen können sich zum Schluss in gemütlicher Atmosphäre austauschen.

Material

- ◻ Tuschezeichnungen von Irene Dilling (nach Anzahl der Teilnehmer/innen. Farbige Abbildungen der Zeichnungen finden sich auf der beilliegenden CD-ROM.)
- ◻ Lied „Wunderbarer Morgen (Flügel)" von Klaus Hoffmann (aus: CD „Zeit zu leben". Dieser Titel ist u.a. auch über den Internetmusikdienst spotify abrufbar.). Der Text wird für die Teilnehmer/innen abgedruckt.
- ◻ CD-Player
- ◻ Checkliste „Bist du gut zu dir?" (Die Liste befindet auf der beigelegten CD-ROM)
- ◻ Stifte
- ◻ Teelichter

Abkürzungen

L = Leitung
S1/S2 = Sprecher 1/2

Wegbeginn: Geh hinter die Fassaden

Begrüßung

L: Zu unserem Besinnungsweg möchte ich sie alle herzlich begrüßen. Wir wollen einige Stunden miteinander verbringen. Wir wollen gemeinsam beten und singen. Wir wollen Wege zurücklegen, äußerlich und innerlich. Unser geographischer Weg führt uns nach .... Ich lade sie aber auch dazu ein, gemeinsam ein Stück auf einem spirituellen Weg zu gehen. Ob und wie sie diesen beschreiten, entscheiden sie selbst. In jedem Fall sollen sie sich in den kommenden Stunden wohlfühlen. Lassen sie es sich gutgehen! So lautet auch das Thema, das ich über unseren gemeisamen Weg stellen möchte. Zu Beginn hören wir ein Lied des Berliner Liedermachers Klaus Hoffmann. Es heißt „Wunderbarer Morgen".

Lied und Gespräch

→ *Die Teilnehmer/innen hören das Lied „Wunderbarer Morgen" von Klaus Hoffmann. Die Leitung verteilt Zettel mit dem Liedtext.*

L: „Lerne zu sehen, du musst hinter die Fassaden gehen. Lass es nur wachsen und werden, und liebe, was du bist, bis dich ein neues Wunder küsst!" Das klingt verlockend, finde ich ...

→ *Ein kurzes Gespräch über den Liedtext schließt sich an.*

Einführung: Die Künstlerin Irene Dilling

L: Auf unserem Weg möchte ich ihnen einige Werke der Künstlerin Irene Dilling vorstellen. Irene Dilling wurde im Jahr 1939 in Berlin-Weissensee geboren. Mit ihrem Mann, Georg, einem evangelischen Pfarrer, zog sie von einer beruflichen Station in den Gemeinden zur anderen. Ihre Aufgaben in verschiedenen Gruppen, in der Frauen-, Familien- und Behindertenarbeit, führten dazu, dass sich Irene Dilling zu einer Frau entwickelte, die den Glauben für die Menschen „greifbar" machen konnte. Zusammen mit der Priorin Edith Krug der Communität Casteller Ring auf dem Schwanberg wurde sie 1990 zur Meditationsbeauftragten der evangelischen Landeskirche in Bayern. Sie gestaltete unzählige Besinnungstage und geistliche Angebote für Menschen jeder Lebens-und Glaubenssituation. 2005 starb Irene Dilling nach schwerer Krankheit.[29]

Wir werden heute vier Tuschezeichnungen von Irene Dilling[30] betrachten. Sie wur-

29 Vgl. Gottesdienst-Institut der Evang.-Luth. Kirche in Bayern, Erleuchtete Wege. Stille Zeiten im Advent, Nürnberg 2006, S. 32f.

30 Abdruck mit freundlicher Genehmigung des Rechteinhabers, der Communität Casteller Ring, Rödelsee. Die vier Zeichnungen finden sich farbig auf beigefügter CD-ROM.

den von ihr im Jahr 2001 für ein kirchliches Projekt in Nürnberg gemalt. Gemeinsam wollen wir uns auf den Weg machen und die Bilder zu uns sprechen lassen.

Lied: Menschen auf dem Weg

1. Atempause: Gib deiner Sehnsucht Raum

Bildbetrachtung

L: Wir sehen eine Schale. Irene Dilling hat sie mit wenigen Pinselstrichen gemalt. Man erkennt, wo die Pinselstriche verlaufen. Das Bild wirkt auf mich ganz leicht. Die Schale scheint geschlossen, zugleich aber auch offen. Nehmen sie sich Zeit und betrachten sie die Schale in aller Ruhe.

Stille

Gespräch

L: Wie wirkt diese Schale auf sie?

→ *Die Teilnehmer/innen haben die Möglichkeit, ihre Gedanken und Gefühle zum Bild zu äußern.*

L: Die Mystikerin Gertrud von Helfta sagte einmal folgenden Satz:
„Vor dir steht die leere Schale meiner Sehnsucht."

(Gertrud von Helfta: Exercitia spiritualia, 7. Übung)

Gertrud von Helfta war getrieben von einem tiefen Verlangen nach Gott. Wie eine Schale stellte sie diese Sehnsucht vor Gott hin, damit er sie fülle. Gertrud lebte vor etwas 800 Jahren. Heute ist dieses Bild der Schale der Sehnsucht aktueller denn je. In der Hektik des Alltags und der Schnelligkeit des Lebens vergessen wir Menschen oft, uns unsere Wünsche, Träume und Sehnsüchte bewusst zu machen. Mit der Zeit fühlen sich manche von uns ausgebrannt, haben das Gefühl, nur noch zu „funktionieren". Sie fühlen sich angefüllt und doch leer. Die Schale auf Irene Dillings Bild führt uns eine Leere vor Augen, den Platz in uns, den wir mit nichts anderem füllen sollen als mit unseren Sehnsüchten. In einer Schale gefasst gehen sie nicht verloren. Sie bleiben greifbar. Ich lade sie dazu ein, heute in ihrem Innersten einmal Platz zu machen für so eine „Schale der Sehnsucht". Wir wollen jetzt versuchen, den Anfang mit einer Übung zu machen.

Übung

L: Formen sie ihre Hände zu einer Schale. Wenn sie sitzen, legen sie Ihre Hände in den Schoß. Wenn sie stehen, halten sie ihre zu einer Schale geformten Hände vor den Bauch. Betrachten sie ihre geöffneten Hände und werden sie ganz ruhig.

Die leere Schale meiner Sehnsucht.
Was ersehne ich?
Wovon träume ich?
Was wünsche ich mir für mein Leben?
Wie heißt meine Sehnsucht?

Stille

Gebet

L: Herr, ich stehe vor dir
mit der leeren Schale meiner Sehnsucht.
Herr, lass diese Schale Platz gewinnen in mir,
damit ich meine Sehnsucht, meine Träume, meine Wünsche
Tag für Tag hineinlegen kann.
Herr, lass diese Schale Platz gewinnen in mir,
damit auch du etwas hineinlegen kannst.
Herr, ich brauche diese innere Schale,
die offen ist für die Liebe und für das Schöne,
mit dem meine Mitmenschen sie füllen können.
Herr, lass mich mit der Schale meiner Sehnsucht
behutsam umgehen.
Schenke mir immer wieder Träume und Visionen,
die meine Schale niemals leer werden lassen.
Amen.

Impuls

L: Suchen sie sich in ihrem Haushalt eine schöne Schale. Stellen sie diese an einen Platz, an dem sie sich oft aufhalten. Sie können auch das Bild Irene Dillings an diese Stelle legen. Nehmen sie sich an den kommenden Tagen an jedem Abend ein paar Minuten Zeit, nehmen die Schale in die Hand und überlegen sie: Gab es heute einen Traum oder eine Sehnsucht, die mich besonders bewegt hat? Sie können ihre Gedanken auch auf einen Zettel schreiben und diesen dann in die Schale legen.

Lied: Komm herein und nimm dir Zeit für dich

2. Atempause: Staunen können

Bildbetrachtung

L: Auf dem Bild sehen wir einen Kreis, der aus losen Pinselstrichen gemalt ist. Zwei Personen stehen darin. Worüber sie sich wohl unterhalten?

Stille

Impulstext

L: Möglicherweise unterhalten sich die beiden über die Sterne. Hierzu hören wir einen kurzen Dialog.

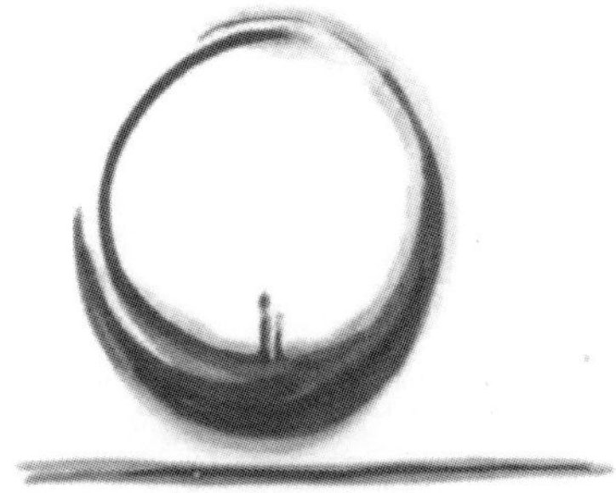

→ *Bitten Sie eine/n Teilnehmer/in, den Dialog mit Ihnen vorzulesen.*

S 1: Was kommt eigentlich hinter den Sternen?
S 2: Andere Sterne.
S 1: Und hinter den anderen Sternen?
S 2: Noch andere Sterne.
S 1: Hört das nie auf?
S 2: Doch, irgendwo hört das auf.
S 1: Und wo?
S 2: Um an die Grenzen des Universums zu kommen, müsste man schon sehr schnell sein. Schneller als das Licht. Mit großen Teleskopen hat man Galaxien in 13 Milliarden Lichtjahren Entfernung festgestellt. Und das sind die, die der Erde am nächsten sind.
S 1: Das Weltall hat also gar keine Grenze?
S 2: Das wissen wir nicht. Wahrscheinlich schon. *Wir* aber haben unsere Grenze schon erreicht, und zwar dort, wo wir keine Zahlen mehr haben zum Rechnen und wir uns Entfernungen gar nicht mehr vorstellen können.
S 1: Das finde ich aber schade.
S 2: Warum? Ich stelle mir immer vor, dass wir, wenn wir an die Grenze des Universums gelangen, unserem Schöpfer in die Augen sehen. Ist das nicht eine spannende Vorstellung?
S 1: Ja, schon, aber das ist ja nur eine Vorstellung. Im Übrigen finde ich es nicht besonders ermutigend, erst bis an die Grenzen des Universums gehen zu müssen, um Gott zu sehen.
S 2: Das brauchst du auch nicht. Du kannst auch auf einem ganz anderen Weg

dorthin gelangen: Über das Staunen. Der Wissenschaftler Albert Einstein hat einmal gesagt: „Die Freude am Staunen und Begreifen ist die größte Gabe der Natur. Das Schönste, was wir erleben können, ist das Geheimnisvolle. Wer nicht mehr staunen kann, der ist wie tot."

S 1: Das leuchtet mir ein. Aber was hat das mit Gott zu tun?

S 2: Nun, wer staunt, der entdeckt. Wer entdeckt, der fragt. Und die Antwort kann „Gott" heißen.

Gespräch

L: Diese Unterhaltung könnten die beiden Menschen führen, die wir auf dem Bild sehen. Sie sind umfangen von einem großen Kreis, der Welt. Sie stehen da und staunen. Das Staunen lässt Fragen in ihnen wachsen und sie ringen um Antworten. Lassen wir das Bild eine Weile auf uns wirken.

Stille

Psalm 36

L: Ich möchte Ihnen einen Psalm vorlesen, in dem der Schreiber all sein Staunen über Gott und seine Schöpfung in Worte gefasst hat:

Herr, deine Güte reicht so weit der Himmel ist,
deine Treue, so weit die Wolken ziehen.
Deine Gerechtigkeit steht wie die Berge Gottes,
deine Urteile sind tief wie das Meer.
Herr, du hilfst Menschen und Tieren.
Gott, wie köstlich ist deine Huld!
Die Menschen bergen sich im Schatten deiner Flügel,
sie laben sich am Reichtum deines Hauses.
Denn bei dir ist die Quelle des Lebens,
in deinem Licht schauen wir das Licht.

Übung und Gespräch

L: Ich lade sie nun ein, ein wenig umherzuschweifen und nach etwas Ausschau zu halten, das sie zum Staunen bringt. Das kann etwas großes sein, es kann aber auch etwas ganz kleines sein. Alternativ können sie sich auch etwas in Erinnerung rufen, das sie einmal in Staunen versetzt hat. Wir nehmen uns dafür 15 Minuten Zeit.

→ *Im Anschluss an die Besinnung berichten die Teilnehmer/innen von ihrer „Entdeckungsreise" und darüber, weshalb sie das entsprechende Ereignis bzw. die entsprechende*

Sache für staunenswert halten. Vielleicht kann im Staunen über das Fundstück sogar ein Hinweis auf Gott entdeckt werden?

Gebet: Meine Tage

L: Gott,
du hast Zeit
und Raum geschaffen,
stellst uns Menschen in diese Welt.

Jeder Morgen, von dir geschenkt,
vor uns ein neuer Tag,
voll Bangen und Lust,
Grenze und Möglichkeit.

Lass mich jeden Tag neu
in seiner Einmaligkeit erleben,
achtsam, sorgsam
für das Kleine sein.

Lass mich jeden Abend neu
die Endlichkeit erahnen,
mein Tun und Sein in deine Hände geben,
löse mich aus meinen Verstrickungen.

Lass mich wachsam sein
für die Einmaligkeit meiner Tage,
lehre mich jeden Tag zu zählen,
lehre mich die Kostbarkeit
meines Lebens.[31]

(Andrea Schwarz)

Lied: Staunen vor dem Wunder deiner Liebe

31 Aus: Andrea Schwarz, Du Gott des Weges segne uns 2008, Herder Verlag, Freiburg im Breisgau

3. Atempause: Beschütze deine Kraftquellen

Bildbetrachtung

L: Betrachten wir in aller Ruhe das Bild.
Ich sehe in dem Bild eine große, lodernde Flamme. Sie besteht aus zwei inneren, kleinern Flammen und zwei äußeren großen Flammen. Keine Flamme gleicht der anderen. Die äußeren Flammen züngeln nach oben. Sie wirken lebendiger und kraftvoller als die inneren Flammen. Die inneren Flammen berühren sich mit den Spitzen. Sie bilden fast einen geschlossenen Kreis. Es hat den Anschein, als würden sie sich gegenseitig stützen und Halt geben. Betrachten sie einmal die Intensität des Farbverlaufs. Wo Irene Dilling die Tusche kräftiger aufgetragen hat, scheinen die Flammen heißer zu sein, mehr Kraft zu haben. Die inneren Flammen geben aus ihrem Kern Wärme und Kraft an die äußeren Flammen weiter. Diese können umso stärker nach oben greifen. Stellen Sie sich nun vor, die beiden inneren Flammen würden fehlen? Das Feuer würde wahrscheinlich in kürzester Zeit verlöschen. Es wäre ohne Kraftquelle, ohne Halt, ohne Mitte, die es nährt.

Gespräch

L: Könnte diese Flamme etwas mit uns selbst zu tun haben?
Jede/r von uns kann in seinem Alltag wie eine „lodernde Flamme“ sein. Wir geben Licht und Wärme weiter an die Menschen, die uns anvertraut sind; zum Beispiel an den Partner, an die Partnerin, an die Familie, an die Kinder, die Schüler und Schülerinnen oder an die Gemeindemitglieder. Dazu benötigen wir viel Energie und zuverlässige Kraftquellen, wie die Flamme auf dem Bild. Wir brauchen Dinge, die uns nähren, die uns guttun. Das wußte auch schon der Kirchenlehrer Bernhard von Clairvaux. In einem Brief an Papst Eugen III. gab er diesem einige wertvolle Tipps:

Text: Gönne dich dir selbst

L: „Ich fürchte, dass du, eingekeilt in deine zahlreichen Beschäftigungen, keinen Ausweg mehr siehst und deine Stirn verhärtest. Es ist viel klüger, du entziehst dich von Zeit zu Zeit deinen Beschäftigungen, als dass sie dich ziehen und dich nach und nach an einen Punkt führen, an dem du nicht landen willst.
Du fragst: „An welchem Punkt?“ An dem Punkt, wo das Herz hart wird. Wenn also alle Menschen ein Recht auf dich haben, dann sei auch du selbst ein Mensch, der ein Recht auf sich selbst hat. Warum sollst einzig du selbst nichts von dir haben.

Wie lange noch schenkst du allen anderen deine Aufmerksamkeit, nur nicht dir selbst? Ja, wer mit sich selbst schlecht umgeht, wem kann der gut sein? Denk also daran: Gönne dich dir selbst!
Ich sage nicht: „Tu das immer." Ich sage nicht: „Tu das oft." Aber ich sage: „Tu das immer wieder einmal. Sei wie für alle anderen auch für dich selbst da, oder jedenfalls sei es nach allen anderen."[32]

Gespräch

L: Was halten sie von diesem Brief?
Gibt es eine Aussage, die sie besonders anspricht?
Könnte er auch an sie adressiert sein?

Übung

L: Wenn wir an unseren Alltag denken, dann spüren wir, dass es nicht leicht ist, sich „sich selbst zu gönnen". Oft vernachlässigen wir uns und unsere Bedürfnisse. Wir vergessen, dass auch wir Quellen brauchen, aus denen wir Kraft schöpfen können. Ich lade sie nun ein, dass sich jede/r von ihnen Zeit zum Nachdenken nimmt. Überlegen sie einmal, wie sie im täglichen Leben mit sich umgehen. Wie sieht es mit ihren persönlichen Kraftquellen aus? Als Hilfestellung erhalten sie eine Checkliste mit Fragen.

Einzelarbeit: Checkliste „Bin ich gut zu mir?"[33]

Gespräch

L: Wie ist es Ihnen gegangen, als über Ihre Kraftquellen nachgedacht haben?
Wie fühlen Sie sich jetzt?
Was sind Ihre persönlichen Kraftquellen? Haben Sie diese auf der Liste wiedergefunden?
Welche Rolle spielt der Glaube? Kann auch er eine Kraftquelle für sie sein?
Was nehmen Sie mit?

Impuls

L: Lesen sie die Liste heute Abend oder morgen noch einmal durch. Wählen sie drei Aussagen aus, denen sie stärkere Beachtung schenken möchten. Markieren sie diese und hängen sie den Zettel an einen Ort, an dem er oft in ihr Blickfeld gerät.

---

32 Aus: ach! Das kleine Buch vom großen Staunen. Hamburg: Andere Zeiten e.V., 2007, www.anderezeiten.de.
33 Die Checkliste findet sich auf beigefügter CD-ROM

Gebet

L: Gott, ich stehe vor dir.
Ich bringe mit, was mich beschäftigt und umtreibt:
Die vergangenen Tage,
Gespräche und Gesichter,
Sorge und Freude des Lebens.
Ich bringe die Befürchtungen und Ängste mit,
wie das Leben einmal werden könnte.
Und nicht zuletzt:
Meine Träume und Wünsche vom Leben.
In bunten und frischen Farben,
meinen Traum vom Glück.
Bring mich zu mir. Bring mich zu dir.
Lass mich das Leben immer wieder neu finden.
DU! Du- „Ich bin da.“[34]

Lied: Meine Zeit steht in deinen Händen

4. Atempause: Fühle dich geborgen

Spiel: Gordischer Knoten

L: Wir haben schon einen langen Weg zurückgelegt. Vielleicht werden unsere Beine allmählich müde. Es ist nun an der Zeit, unsere vierte und letzte „Atempause“ einzulegen. Wir wollen uns aber zunächst nicht zurücklehnen, sondern ich lade Sie ein zu einem Spiel, es heißt Gordischer Knoten.[35]

Gespräch

L: Es ist uns gelungen/nicht gelungen, den Knoten zu lösen und einen Kreis zu bilden. Wie haben sie das Spiel erlebt? Was war nötig, um vorwärts zu kommen, um den Knoten Stück für Stück zu lösen?
(Mögliche Antworten sind: Kommunikation, Aktion und Reaktion, das Zulassen von Nähe, Vertrauen, Kritikfähigkeit, ein gemeinsames Ziel, ...)
Hätten wir dieses Spiel am Anfang unseres Weges gemacht, wäre es genauso verlaufen?

---

34 Aus: Porsch, Hedi/Schraut, Monika/Simon, Johannes: Du – Ich bin da, Katholische Landvolkbewegung, Würzburg o.J.

35 Die Spielanleitung findet sich auf beigefügter CD-ROM.

Zusammenfassung

L: Miteinander unterwegs zu sein, zu beten, zu singen und nachzudenken verändert. Es verbindet und macht uns offen, uns auf Neues und Neue einzulassen. Wir können in der Gemeinschaft Dinge zu tun, die wir vorher vielleicht nicht miteinander gewagt hätten. Wir sind ein Stück Gemeinschaft geworden. Ein Symbol für Gemeinschaft sehe ich in der Zeichnung von Irene Dilling, die ich ihnen nun als das letzte Bild dieses Besinnungsweges vorstellen möchte.

Bildbetrachtung

L: Wir sehen drei Kreise, die lose ineinander liegen. Betrachten wir dieses Bild eine Weile in Stille. Bei längerem Betrachten kann man sich vorstellen, am Rand eines Brunnens zu stehen und in die Tiefe zu blicken. Am Brunnengrund ist es aber nicht finster, sondern unser Blick wird in der Tiefe in eine offene Helligkeit geführt. Dieses Bild kann aber auch anders betrachtet werden: Man schaut in eine Mitte, die sich wie eine Welle nach außen verbreitet. Die drei Kreise auf dem Bild erlauben also zwei Perspektiven: einen Blick in die Tiefe und einen Blick in die Weite. Alle Kreisformen haben eine Öffnung. Das macht sie leicht und transparent. Es scheint, als ob man hineingehen könnte. Die drei Kreise erinnern mich auch an Arme, die einem umgelegt werden können. Leicht, nicht einnehmend, zart, nicht erdrückend. Die drei Kreise strahlen ein Gefühl der Geborgenheit aus, die Luft zum Atmen lässt.[36]

Übung

L: Versuchen wir gemeinsam, die Zeichnung nachzustellen.

→ *Teilnehmer/innen stellen sich zu drei ineinanderliegenden Kreisen auf, die jeweils an einer Stelle offen sind. Während der nachfolgende Psalmtext vorgelesen wird, verweilen die Teilnehmer/innen als „lebendiges Kunstwerk".*

Psalm 139 (Auszug)

L: Herr, du hast mich erforscht und du kennst mich. Ob ich sitze oder stehe, du weißt von mir. Von fern erkennst du meine Gedanken. Denn du hast mein Inneres geschaffen, mich gewoben im Schoß meiner Mutter. Ich danke dir, dass du mich so wunderbar gestaltet hast. Ich weiß: Staunenswert sind deine Werke.

36 Vgl. Gottesdienst-Institut, Erleuchtete Wege, S. 26.

Stille

Zusammenfassung

L: Wir stehen Seite an Seite, wir spüren die Nähe des Anderen, wir bilden Kreise um eine gemeinsame Mitte. Dieses Bild kann ein Ausdruck dessen sein, was wir alle zum Leben brauchen: Nähe, Halt, Gemeinschaft und Geborgenheit. Und doch sind unsere Kreise offen. Offen für Menschen, die Geborgenheit suchen. Offen für Gott, der immer mit uns ist.

Gegenseitiger Zuspruch

L: Nun ist es an der Zeit, unser Kunstwerk langsam wieder aufzulösen. Ich lade sie nun ein, dass wir uns, einer nach dem anderen, aus den Kreisen mit einem guten Wunsch oder einem kleinen Dank herausrufen.

→ *Die Leitung beginnt zum Beispiel mit folgendem Wunsch:*

L: N.N., ich wünsche dir, dass du immer etwas entdeckst, das du in die Schale deiner Sehnsucht legen kannst.

→ *N.N. verlässt den Kreis und ruft einen weiteren Teilnehmer/in mit einem Wunsch oder einem Dank aus dem Kreisbild heraus.*

Segenswunsch

L: Guter Gott, wir sind am Ende unseres gemeinsamen Weges angekommen. Wir haben unseren Sehnsüchten nachgespürt und sie in eine innere Schale gelegt. Wir haben gestaunt über die vielen großen und kleinen Wunder deiner Schöpfung. Wir haben erfahren, wie wichtig und wertvoll unsere Kraftquellen sind. Sie sind die Nahrung, die unser inneres Feuer zum Strahlen braucht. Wir haben schließlich versucht, das Gefühl der Geborgenheit durch uns selbst auszudrücken. Wir danken dir für die vergangenen Stunden und bitten dich: Schenke uns wache Sinne und ein suchendes Herz, damit wir nie aufhören, uns als Pilger auf dem Weg des Lebens zu verstehen. Dazu segne uns der allmächtige Gott, der +Vater, der Sohn und der Heilige Geist. Amen.

Lied: Gottes guter Segen sei mit euch

Familienkreuzwege

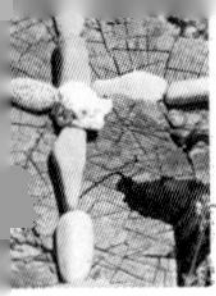

Generelle Hinweise zu Familienkreuzwegen

Familienkreuzwege sind eine gute Möglichkeit, die Botschaft der letzten Tage Jesu, sein Leiden und Sterben für groß und klein zugänglich zu machen. Den Leidensweg Jesu gehend nachzuvollziehen, ist eine sinnvolle Art der Begegnung mit den Geschehnissen der Passion: Jesus ist einen schweren Weg gegangen und auch wir wollen einen Weg gehen und ihn ein Stück weit begleiten. Emphatische Elemente, symbolische Zeichenhandlungen und der Transfer in unsere Lebenswelt ermöglichen es, auf vielfältige Weise einen Zugang zur Passionsgeschichte zu schaffen und sich bestenfalls als Teil des Geschehens zu erleben.
Bei der Gestaltung eines Familienkreuzweges gilt es am Ende stets darauf zu achten, einen Ausblick auf Ostern, auf die Auferstehung, zu werfen. Dadurch nehmen die Teilnehmer/innen schon einen Funken Hoffnung mit, der am Ostermorgen zum großen Feuer der Auferstehung wird. Gerade Kinder brauchen diesen Ausblick auf den Kern der Osterbotschaft.
Achten Sie bei der Auswahl der Lieder darauf, dass diese nicht zu schwierig sind. Wählen Sie nur wenige, einfache Lieder aus und wiederholen Sie die Lieder lieber öfters. Die musikalische Gestaltung wird durch Instrumente ungemein bereichert. Gitarre und Flöte sind Instrumente, die gut mitgetragen werden können. Meditative Flötenmusik trägt zur Besinnung bei und unterstützt das tiefe Sich-Hineinversetzen in die traurigen Geschehnisse der Passion.
Kreuzwegfeiern für Familien können die ganze Fastenzeit über angeboten werden. Ein sicherlich guter Zeitpunkt der Kreuzwegfeier ist der Karfreitagmorgen. Dadurch haben Familien mit kleineren Kindern die Möglichkeit, eine altersgerechte Feier des Karfreitagsgeschehens mitzuerleben, ohne dass die Erwachsenen auf den Besuch der „klassischen Karfreitagsliturgie" am Nachmittag verzichten müssen.

Menschen am Weg – Ein Kreuzweg mit Symbolen

Vorüberlegungen

Die Kreuzwegfeier mit fünf Stationen und einer Abschlusseinheit stellt Personen in den Mittelpunkt, die Zeugen des Leidensweg Jesu waren. Sie werden anhand charakteristischer Symbole vorgestellt. Für Judas und seinen Verrat wird im Verlauf des Kreuzwegs ein Geldsäckchen an das Kreuz gehängt. Das Bild eines Hahnes erinnert daran, wie Petrus Jesus verleugnete. Der Bauer Simon, der Jesus geholfen hat, das Kreuz zu tragen, wird durch eine kleine Harke symbolisiert. Als Erinnerung an die helfenden Hände Veronikas wird am Kreuz ein weißes Tuch befestigt. Die Kreuzwegfeier endet mit einem Ausblick auf Ostern.

Material

- ☐ Holzkreuz (Es sollte groß, aber von Kindern noch zu tragen sein.)
- ☐ Reißnägel
- ☐ Geldsäckchen
- ☐ Bild eines Hahns (Ein solches findet sich auf beigefügter CD-ROM.)
- ☐ Kleine Harke
- ☐ Weißes Tuch
- ☐ Hammer und Nägel
- ☐ Legematerial für Kreuze (Federn (aus Pappe oder Vogelfedern), Steine, Blüten, Buchszweige)
- ☐ Teelichter für die Teilnehmer/innen
- ☐ Zettel mit Gebeten und Liedern

Abkürzungen

L = Leitung
A = Alle
S = Sprecher/in

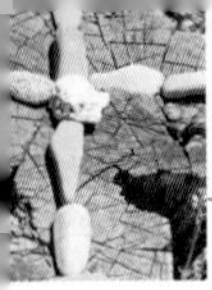

1. Station: Judas verrät Jesus

Begrüßung

L: Liebe Kinder, liebe Erwachsene, heute ist ein stiller und trauriger Tag. Wir denken heute besonders an Jesus. Wir denken daran, dass er von den Soldaten gefangengenommen und vom Hohenpriester verurteilt wurde. Jesus musste das schwere Kreuz tragen.

Wir sind hier zusammengekommen, um an den schweren Weg Jesu zu denken und miteinander zu beten. Das Kreuz erinnert uns an Jesus und sein Leiden für uns Menschen.

Jesus will bei uns sein. Wenn wir in seinem Namen versammelt, sind ist er ganz nah bei uns. Wir wollen ihn grüßen mit dem Eingangslied.

Lied: Eines Tages kam einer

Gemeinsames Gebet

A: Jesus, du bist einen schweren Weg gegangen.
Du hast viel Unrecht erfahren müssen.
Dennoch hast du jene Menschen nicht verurteilt,
die dir das schwere Kreuz aufgeladen haben.
Jesus, deine Liebe ist so groß,
dass ich sie nie begreifen kann.
Doch danken will ich dir dafür.
Jesus, deine Liebe ist so groß,
dass ich sie nie begreifen kann.
Jesus, ich bete zu dir. Amen.

→ *Ein Geldsack wird an das Holzkreuz gehängt.*

Einführung

L: Am Kreuz siehst du einen Geldsack. Mit Geld kann man viele Dinge kaufen. Manches ist aber unbezahlbar: Einen Freund zu haben. Gesund zu sein. Spielen zu können. Wenn Mama oder Papa dich lieb haben. Judas, ein Freund von Jesus, hat Jesus für Geld verraten und verkauft. Wie das damals geschehen ist, hören wir in der folgenden Geschichte.

Schrifttext

L: Judas liefert Jesus den Hohenpriestern aus. Beim Abendmahl sagte Jesus zu seinen Jüngern: „Einer ist unter euch, der mich verraten wird – der ist es, dem ich das Brot geben werde." Und er tauchte ein Stück Brot in seinen Becher und reichte es dem

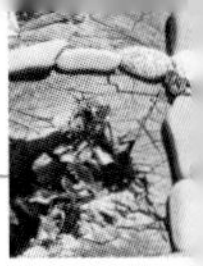

Judas. Als Judas das Stück Brot genommen hatte, ging er hinaus in die Dunkelheit. Judas ging zu den Hohenpriestern und beriet, wie er Jesus an sie ausliefern könnte. An einer einsamen Stelle wollten die Soldaten ihn festnehmen. Für seine Mithilfe erhielt Judas einen Beutel mit Silberstücken.
Als Jesus das Essen beendet hatte, ging er an die einsame Stelle, um zu beten. Während er noch betete, kam eine Schar von Männern und Judas ging ihnen voran. Er näherte sich Jesus, um ihn zu küssen, denn ein Kuss war das verabredete Zeichen, dass er der richtige Mann sei. Jesus sagte zu ihm: „Judas, mit einem Kuss verrätst du deinen Herrn?“ Da kamen die Männer und nahmen Jesus fest.

Gedanken des Judas

→ *Ein Erwachsener übernimmt die Figur des Judas und spricht:*

S: Für Geld habe ich Jesus verraten. Dann hat mir alles leid getan, aber es gab kein Zurück mehr. Die Feinde Jesu gaben ihn nicht mehr frei. Ich bin schuld am Tod Jesu.

Gemeinsames Gebet

A: Herr Jesus Christus,
du bist von Judas für Geld verraten worden.
Für uns soll Geld nie das Wichtigste werden.
Viel mehr wert sind Freunde,
mit denen wir im Kindergarten und nach der Schule spielen können.
Schenke uns Menschen, mit denen wir reden können, wenn wir Probleme haben.
Lass uns Freunde und Freundinnen haben, auf die wir uns verlassen können. Amen.

Aktion

→ *Im Gedenken an das harte Herz des Judas legen die Kinder ein Kreuz aus Steinen.*

Lied: Herr, erbarme dich

2. Station: Petrus

→ *Ein Bild von einem Hahn wird an das Kreuz gehängt.*

Einführung

L: Auf dem Bild am Kreuz siehst du einen Hahn. Der Hahn kräht am Morgen und weckt alle auf. Er ist ein Zeichen dafür, dass wir wachsam sein sollen. Auch in der

Geschichte vom Leidensweg Jesu kommt ein Hahn vor. Hören wir dazu die Geschichte in der Bibel.

Schrifttext (nach Mk 14,66-72)

L: In der Nacht, in der Jesus gefangengenommen wurde, wollte sich Petrus in einem Hof an einem Feuer wärmen. Voller Angst, die Leute könnten ihn erkennen, zog er seine Kapuze ganz tief ins Gesicht. Doch eine Magd wurde auf ihn aufmerksam und sagte zu ihm: „Du gehörst doch auch zu den Männern, die mit diesem Jesus zusammen waren." Petrus hatte Angst und stritt alles ab. „Nein, du musst mich mit jemandem verwechselt haben, ich kenne diesen Jesus nicht!"
Die Magd aber hetzte die umstehenden Leute auf: „Doch, ich kenne ihn, er gehört zu ihnen." Er aber stritt es wieder ab. Da krähte ein Hahn. Wenig später sagten die Leute von Neuem zu Petrus: „Du bist doch auch einer aus Galiläa, du bist doch auch ein Freund von diesem Jesus." Petrus sagte wieder: „Nein, ich kenne diesen Menschen nicht, von dem ihr redet." Da krähte der Hahn zum zweiten Mal.
Und Petrus erinnerte sich daran, was Jesus zu ihm gesagt hatte: „Noch bevor der Hahn zwei Mal kräht, wirst du mich dreimal verleugnen." Und er begann zu weinen.

Gedanken des Petrus

→ *Ein Erwachsener übernimmt die Figur des Petrus und spricht:*

S: Ich habe nicht zu Jesus gehalten. Ich hatte Angst, ich war feige und darum habe ich gelogen. Ich habe mein Versprechen nicht gehalten.

Gemeinsames Gebet

Herr Jesus Christus,
so wie Petrus ist es mir auch schon ergangen.
Aus Angst vor Strafe habe ich gelogen.
Statt zu meiner Freundin oder zu meinem Freund zu halten,
war ich ganz still, weil es für mich einfacher war.
Herr, gib mir den Mut, anderen zu helfen, wenn sie mich brauchen.
Hilf mir, ehrlich zu sein und zu meinen Freunden zu stehen. Amen.

Aktion

→ *Die Kinder legen in Rückbesinnung auf den Schrifttext einen Hahn aus Federn.*

Lied: Geh mit uns (nur Refrain, mehrmals wiederholen)

3. Station: Simon

→ *Eine kleine Harke wird an das Kreuz gelehnt.*

Einführung

L: Am Kreuz lehnt eine kleine Harke. Wofür verwendet man eine Harke?
Die viele Arbeit auf dem Feld macht müde, hungrig und durstig.
Auch am Kreuzweg Jesu war ein Mann, ein Bauer, der sehr müde von seiner Feldarbeit kam. Er sieht Jesus. Dieser kann sein Kreuz kaum noch tragen.

Schrifttext (nach Mk 15,20b-22)

L: Jesus trägt das schwere Kreuz auf seinen Schultern durch die Straßen Jerusalems. Er ist schon völlig erschöpft. Die Soldaten haben Angst, dass er es nicht mehr bis zum Berg Golgota schafft. Da kommt Simon, ein junger, kräftiger Bauer aus Cyrene. Er hat den ganzen Tag auf dem Feld gearbeitet und ist müde. Die Soldaten zwingen ihn, Jesus zu helfen. Jesus freut sich, dass Simon ihm hilft.

Gedanken Simons

→ *Ein Erwachsener übernimmt die Figur des Simon und spricht:*

S: Ich habe den ganzen Tag lang hart auf dem Feld gearbeitet. Ich war müde und hungrig, und da packen mich die Soldaten und zwingen mich, Jesus das Kreuz tragen zu helfen. Ich habe ihm geholfen und Jesus war sehr dankbar. Der arme Jesus tut mir richtig leid!

Gemeinsames Gebet

A: Herr Jesus Christus, Simon hat dir geholfen und das schwere Kreuz getragen. Manchmal geht es uns wie Simon: Wir sind müde von der Schule und möchten nur Musik hören oder Fernsehen. Gerade dann sollen wir mit den Geschwistern spielen, der Mutter helfen oder Dinge tun, auf die wir keine Lust haben. Bitte hilf uns, dass wir uns nicht weigern, wenn unsere Hilfe gebraucht wird. Amen.

Aktion

→ *Die Kinder legen ein Kreuz aus Buchszweigen. Das Grün der Buchszweige ist Zeichen für Leben. Simon hat Jesus durch seine Hilfe gezeigt, dass er auf seinem schweren Weg nicht alleine ist. Simon teilt ein kleines Stück des Leidensweges Jesu. Er trägt Jesu Leben gerade in dieser schwierigen Situation mit. Jesus darf spüren: Ich bin nicht allein.*

Lied: Herr, erbarme dich

4. Station: Veronika

→ Ein Tuch wird an das Kreuz gehängt.

Einführung

L: Am Kreuz seht ihr ein Tuch. Man kann es sich auch um den Hals binden. Wenn man schwitzt, kann man sich damit den Schweiß abwischen. Die folgende Geschichte erzählt uns, dass Jesus schwitzt, als er sein Kreuz trägt. Eine Frau reicht ihm ein Tuch, damit er sich den Schweiß abwischen kann. Ihr Name ist Veronika.

Geschichte: Veronika reicht Jesus das Schweißtuch

L: Als Jesus weitergeht, kommt eine Frau auf ihn zu. Sie heißt Veronika. Sie ist sehr mutig. Sie geht einfach an den Soldaten vorbei und läuft zu Jesus. Sie hat nämlich gesehen, wie sehr Jesus leidet und wie anstrengend das Tragen des Kreuzes für ihn ist. Deshalb reicht sie ihm ein weißes Tuch. Sie möchte ihm etwas Gutes tun. Jesus wischt sich mit dem Tuch den Schweiß von der Stirn. Er dankt Veronika für ihre Hilfe.

Gedanken Veronikas

→ Eine Erwachsene übernimmt die Rolle der Veronika und spricht:

S: Ich habe Jesus ein Schweißtuch gegeben. Ich habe gesehen, wie sehr er leidet. Das Kreuz ist ja so schwer. Kein Wunder, dass er schwitzt. Er hat bestimmt Angst gehabt. Warum tut man einem Menschen das an?

Gemeinsames Gebet

A: Herr Jesus Christus,
Veronika hat erkannt, dass du Hilfe brauchst.
Auch wir sehen Menschen, die Hilfe brauchen.
Da sitzt jemand bei den Hausaufgaben und weiß nicht, wie sie zu lösen sind.
Da hat jemand Angst, weil er allein gelassen ist.
Wir können bei ihm bleiben und ihm helfen oder ihn trösten.
Wir bitten dich für alle Menschen, die uns brauchen: Mama, Papa, Bruder oder Schwester, Nachbarn und Freunde, aber auch arme Menschen in anderen Ländern.
Lass uns mutig sein und ihnen beistehen, so gut es geht.
Amen.

Aktion

→ Die Kinder legen ein Kreuz aus Blüten/Blumen als Zeichen dafür, dass Veronika Jesus etwas Freude geschenkt und seine Not gelindert hat.

Lied: Geh mit uns

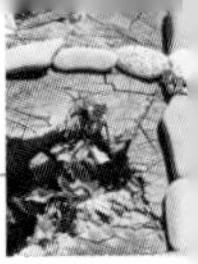

Abschluss: Die Kreuzigung Jesu

→ *Stiller Einzug.*

Aktion: Nägel in das Kreuz schlagen

→ *Die Leitung schlägt mehrere Nägel in das Kreuz. Langsam und ohne erklärende Worte. Nur die Schläge des Hammers sollen zu hören sein. Anschließend wird das Kreuz in der Mitte aufgerichtet oder, falls der Abschluss in einer Kirche gestaltet wird, an den Altar gelehnt.*

Schrifttext (nach Lk 23,33-46)

L: Die Soldaten nageln Jesus an das Kreuz. Jesus hat große Schmerzen. Er betet zu Gott: „Vater, verzeih ihnen! Sie wissen nicht, was sie tun!“ Jesus, der Sohn Gottes, hängt am Kreuz wie ein Verbrecher. Noch einmal betet er zu Gott: „Vater, nimm mich zu dir!“ Und mit diesen Worten stirbt Jesus am Kreuz.

Impulstext

L: Das Kreuz ist ein Zeichen für das Leid, das die Menschen Jesus zugefügt haben. Das Kreuz ist aber auch ein Zeichen der Liebe Jesu zu uns. Er hat uns nicht verraten. Er ist den schweren Weg bis zum Ende gegangen. Wir wollen eine kurze Stille halten und Jesus, unserem guten Freund danken für seine Liebe und Treue. Dazu knien wir uns hin.

Stille

Vater unser

Ausblick auf Ostern

L: Wir haben gehört, dass Jesus am Kreuz gestorben ist. Aber wir glauben auch daran, dass Jesus von seinem Vater auferweckt worden ist und nun bei ihm lebt.
Das Licht des Osterfeuers und der Osterkerze, die in der Osternacht angezündet wird, erinnert uns daran, dass Gott alles Dunkel wieder hell machen will: Er hat seinen Sohn nicht im Dunkel des Grabes gelassen. Das ist der Sinn des Osterfestes, das wir bald feiern.

Aktion

→ *Die Kinder dürfen Teelichter anzünden und an das Kreuz stellen.*

Lied: Wir preisen deinen Tod

Was uns der Leidensweg von Jesus sagen kann – Ein Kreuzweg, der unser eigenes Leben zur Sprache bringt

Vorüberlegungen

Dieses Konzept für einen Familienkreuzweg versucht den Bogen von den Erfahrungen Jesu zu Grenzsituationen zu spannen, die die Menschen heute erleben können. Dies geschieht durch Geschichten von Kindern, die Ausgrenzung, Unterdrückung, Notsituationen, aber auch Trost und Hilfe erfahren. Da sich die Teilnehmer/innen in die Erlebnisse dieser Personen gut hineinversetzen können, kann es gelingen, dass sie ein tieferes Verständnis vom Leiden Jesu gewinnen. Die Geschichten sollten von Kindern und Jugendlichen vorgelesen werden. So wirken sie authentischer. Die Stationen sollten an Orten gestaltet werden, die in den Geschichten vorkommen (Schule, Bushaltestelle, Marktplatz, Straßenkreuzung). Ein großes von Kindern und Jugendlichen getragenes Holzkreuz wird auf dem Weg mitgeführt. Der Kreuzweg schließt mit dem Schmücken des „Grabes Jesu". In Form von kleinen Osterglocken nehmen die Teilnehmer/innen ein blühendes Zeichen der Osterhoffnung mit nach Hause.

Material

- ☐ Zettel mit Gebeten und Liedern
- ☐ Grüne Zweige (Buchs)
- ☐ Braunes Tuch für das Grab
- ☐ Osterglocken
- ☐ Ein großes Holzkreuz

Abkürzungen

L = Leitung
A = Alle
E= Erzähler/in

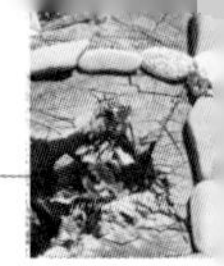

Begrüßung
Zu unserem Familienkreuzweg möchten wir euch alle herzlich willkommen heißen. Beginnen wir im Namen des +Vaters, und des Sohnes und des Heiligen Geistes. Amen.

→ *(Anmerkung: Wenn Sie eine Kreuzwegfeier an einem Karfreitag anbieten, sieht die Liturgie vor, auf das Kreuzzeichen zu verzichten. Gehen Sie nach der Begrüßung direkt zum Lied über.)*

Lied: Eines Tages kam einer (Strophen 1-3)

Einführung
L: Heute erinnern wir uns an Jesu Weg zum Kreuz und an seinen Tod. Wir werden uns an Stationen seines Leidensweges erinnern und zugleich überlegen können, was der Kreuzweg von damals für uns heute bedeuten kann. Weil Jesus uns durch seinen schweren Weg, der letztlich zur Auferstehung führte, so viel Hoffnung geschenkt hat, wollen wir an den Stationen kleine grüne Hoffnungszweige hinterlassen.

Impulstext
L: Jesus hat damals vielen Menschen geholfen: Er heilte Kranke, war für Traurige da und schenkte den Menschen viel Hoffnung, indem er von Gott und seiner Liebe zu allen Menschen erzählte. Jesus war im Volk sehr beliebt. Vor allem die armen Leute mochten ihn sehr. Einigen, vor allem den Herrschenden, passte das nicht. Sie dachten: „Dieser Jesus wird verehrt wie ein König. Der bringt das ganze Volk in Aufruhr. Das können wir nicht zulassen." So wurde Jesus verraten und von den Hohepriestern verurteilt. Der römische Statthalter Pontius Pilatus entschied schließlich: Jesus soll unschuldig am Kreuz sterben.

Gemeinsames Gebet zu Beginn
A: Jesus, du bist damals einen schweren Weg gegangen.
Es war bitter für dich, verspottet und gequält zu werden.
Schwer lastete das Kreuz auf deinen Schultern.
Wir bitten dich: Lass uns aufmerksam sein, wenn wir jetzt an deinen Weg denken.
Lass uns erkennen, wie wir Menschen helfen können,
die wie du einen schwierigen Weg gehen müssen. Amen.

Lied: Eines Tages kam einer (Strophen 4-6)

1. Station: Simon von Cyrene hilft Jesus

→ *Die Station findet vor einer Schule statt.*

Impulstext

L: Jesus ging den schweren Weg nach Golgotha, an den Ort also, an dem er gekreuzigt werden sollte. Der Weg war sehr steil. Jesus konnte das Kreuz kaum mehr tragen. Simon von Cyrene, ein Ausländer, kam von seiner Feldarbeit. Die Soldaten zwangen ihn, das Kreuz Jesu mitzutragen. Die Leute spotteten über Simon. Simon fand das Kreuz sehr schwer. Er trug es nicht gerne, denn er hatte die Hauptlast. Jesus konnte nicht mehr. Simon sah Jesus leiden, aber er wusste: Nur mit meiner Hilfe kann Jesus den Weg schaffen!

Geschichte: Amir, der Neue

E: Amir ist 13 Jahre alt und kommt aus der Türkei. Er ist mit seinen Eltern erst vor einigen Wochen in die Stadt gezogen. Für Amir ist alles neu, die Stadt, die Wohnung, die Nachbarn und auch die Schule. Heute ist sein erster Tag in der neuen Schule. Unsicher macht er sich frühmorgens auf den Weg. Wie werden seine Klassenkameraden auf ihn reagieren? Was wird er für einen Klassenlehrer bekommen? Wird er zurechtkommen? Amir hat Angst. Am liebsten wäre er gleich wieder nach Hause gelaufen. Aber das geht nicht. Als Amir das Schulhaus betritt, schauen ihn viele Schülerinnen und Schüler ganz neugierig an. Wer ist das wohl? Ein Türke? Amir wird immer unsicherer. Endlich findet er sein Klassenzimmer. „Klasse 7a" steht neben der Tür. Zaghaft drückt er die Türklinke hinunter und geht hinein.

Es ist zehn Minuten vor Acht, einige Klassenkameraden sind schon da. Aber noch kein Lehrer weit und breit. Amir bleibt bei der Tür stehen und schaut sich langsam um. Wo soll er nur hingehen? Er traut sich nicht, etwas zu sagen, obwohl ihn die Schüler anschauen. Er ist ja erst seit kurzer Zeit in Deutschland. Das hört man seiner Sprache an. Amir hat einen dicken Kloß im Hals. „Weg, nur weg!", denkt er. Da kommt plötzlich ein Junge mit einer Brille auf ihn zu. „Wie heißt du?", fragt er. „Amir, ich bin neu." Der Junge lacht: „Das ist mir klar! Komm, setz dich zu mir. Mein Banknachbar ist heute krank. Morgen wirst du sicher einen eigenen Platz bekommen."

Gespräch

L: Jesus konnte nicht mehr. Er braucht die Hilfe von Simon.
Amir fühlte sich nicht wohl in der neuen Schule. Auch er brauchte die Hilfe von anderen. Seid ihr schon mal irgendwo neu hinzugekommen und habt keinen gekannt? Habt ihr euch auch schon einmal fremd gefühlt?

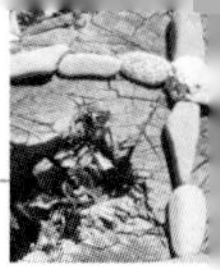

Gemeinsames Gebet

A: Jesus, der Ausländer Simon hat dir geholfen.
Er hat dir die Last des Kreuzes abgenommen.
Hilf uns, dass wir einander verstehen, auch wenn die anderen Menschen anders aussehen, anders sprechen, anders denken und anders glauben.
Nimm unsere Vorurteile von uns und schenke uns Offenheit für andere.
Gib uns Mut und Ausdauer im täglichen Zusammenleben.
Lass uns Konflikte fair austragen. Amen.

Aktion

→ *Die Kinder legen ein Kreuz aus grünen Zweigen. Wer möchte, darf dabei Menschen nennen, denen er/sie helfen möchte.*

Lied: Geh mit uns

2. Station: Jesus begegnet seiner Mutter Maria

→ *Ort der Station ist eine Bushaltestelle.*

Impulstext

L: Jesus ging seinen schweren Weg. Die Soldaten verspotteten und quälten ihn. Er war sehr geschwächt. Das Kreuz lastete schwer. Manchmal stolperte Jesus und fiel hin. Viele Leute standen am Straßenrand und schauten zu. Auch Maria, die Mutter von Jesus, stand am Wegesrand und weinte um ihren Sohn. Sie wollte ihm zeigen: Egal wie schlecht es dir geht, ich bleibe bei dir! Diese Nähe seiner Mutter tat Jesus bestimmt gut.

Annas schlimmste Busfahrt

E: Anna ist 9 Jahre alt und geht in die dritte Klasse. Heute hat sie bis ein Uhr Schule. Macht aber nichts, schließlich hat sie in den letzten beiden Stunden Kunsterziehung. Das ist Annas Lieblingsfach. Anna freut sich immer sehr darauf. Außer heute. Schon in der Pause packte Anna ihr Pausenbrot wieder ein. Es schmeckte nicht. Da war so ein komisches Gefühl in ihrem Bauch. In der Kunststunde wurde das Gefühl immer schlimmer. Kurz vor ein Uhr plagten Anna heftige Bauchschmerzen. Was war nur mit ihr los? Geplagt packt Anna ihre Schultasche zusammen. Und jetzt noch mit dem Bus nach Hause fahren. Wie soll ich das bloß schaffen? Mit schweren Schritten stapft Anna zum Busparkplatz. Zum Glück ist der Bus schon da. Anna kann gleich einsteigen. Sie setzt sich ganz vorne hin. Die Nähe des Busfahrers tut ihr irgendwie gut. „Na, du schaust ja blass aus!", sagt dieser zu Anna. Solche Sprüche konnte Anna gerade gar nicht gebrauchen.

Als alle Kinder eingestiegen sind, fährt der Bus los. Oje, wie das schaukelt! Annas Bauchschmerzen werden immer stärker. Sie schließt die Augen. Sie hat Angst, sie fühlt sich mit ihren Schmerzen alleine. Die Fahrt kommt ihr wie eine Ewigkeit vor. Endlich hält der Bus an. Mit einem Zischen öffnen sich die Türen. Anna steht langsam auf und steigt vorsichtig aus dem Bus. Da steht plötzlich ihre Mutter vor ihr: „Mama!“ ruft Anna. „Geht es dir nicht gut. Du siehst furchtbar aus!“, sagt ihre Mutter besorgt. Anna stürzt sich in die Arme ihrer Mutter. Und siehe da: Es geht ihr plötzlich ein wenig besser. Ihre Angst war wie weggeblasen.

Gedanken zur Geschichte

L: Die Nähe eines lieben Menschen tut gut. Das hat Jesus durch seine Mutter Maria erfahren. Anna hat Schmerzen. Aber als sie ihre Mutter sieht, fühlt sie sich ein wenig besser. Sie hat keine Angst mehr. Sie weiß: Mama ist für mich da!
Habt ihr auch manchmal Angst?
Wer tröstet euch dann?

Gemeinsames Gebet

A: Jesus, du weißt, dass wir immer dann, wenn es uns nicht gut geht, auf Menschen warten, die uns nahe sind. Menschen die uns trösten, lieb haben und bei uns bleiben. Danke, dass du uns in unseren Familien und Freunden solche Menschen geschenkt hast. Hilf, dass auch wir andere trösten, wenn sie uns brauchen. Amen.

Aktion

→ *Die Kinder legen ein Kreuz aus grünen Zweigen. Sie sind eingeladen, dabei Namen von Menschen zu nennen, deren Nähe ihnen schon einmal geholfen hat.*

Lied: Herr, erbarme dich

3. Station: Jesus wird gekreuzigt

→ *Die Station findet auf dem Marktplatz statt.*

Impulstext

L: Jesus, die Soldaten und die Menschenmenge kamen auf dem Berg Golgota an. Die Römer kreuzigten dort die schlimmsten Verbrecher. Lange Nägel wurden durch die Hände und Füße des Verurteilten geschlagen, damit er fest an den Holzbalken hing. Dann wurde das Kreuz in ein Erdloch gesteckt und aufgerichtet. Der Verbrecher hing dort, bis er vor Durst und Hitze starb. An diesem Tag sollten drei Verurteilte gekreuzigt werden. Unter ihnen war auch Jesus. Die Soldaten gingen an die Arbeit. Etwa um 9 Uhr richteten sie die Kreuze auf. Da hingen sie, auch Jesus, der Sohn Gottes.

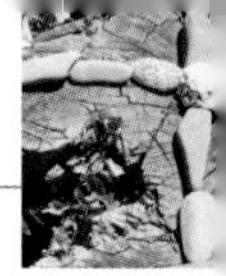

Pauls Geschichte

E: Paul ist 15 Jahre alt. Er ist ein pfiffiger Junge, aber manchmal ist er etwas schüchtern. Das liegt wohl auch daran, dass er kleiner ist als die anderen Jungs aus seiner Clique. Mit seinen Kumpels trifft er sich gerne nach der Schule an der Bank am Marktplatz. Sie unterhalten sich, lästern über die Leute, die vorbeigehen und spielen mit ihren Handys. Das macht Paul besonders gerne. Er hat nämlich von seinem Paten ein nagelneues Smartphone geschenkt bekommen. Was das Ding alles kann ... Paul ist total stolz darauf. Es ist Dienstagnachmittag. Wie immer geht Paul zum Marktplatz und wartet auf seine Freundc. Aber keiner kommt, nicht mal Michael, der sonst immer da ist. Komisch. Paul beschließt, noch ein wenig zu warten und schreibt Michael eine SMS.

Da kommen zwei größere Jungs vorbei. Paul schätzt sie auf etwa achtzehn Jahre. Sie bleiben stehen und schauen Paul an. Paul wird unsicher, tut aber so, als würde er die Jungs nicht bemerken. Langsam schiebt er sein Handy in die Tasche, macht seine Jacke zu und steht auf. „Besser mal weggehen", denkt sich Paul. Da kommt einer der älteren Jungs auf ihn zu, schubst ihn auf die Bank zurück und sagt: „Na Kleiner, schickes Handy hast du da. Lass mal rüberwachsen!" „Das gehört meinem Bruder!", schwindelt Paul. „Los, her damit, sonst gibt's was auf die Backe!" Der Junge packt Paul an der Jacke und schiebt ihm dabei seine Faust ans Kinn. Der zweite Junge greift ihm in die Hosentasche, zieht das Handy heraus und lässt es schnell in seiner Jackentasche verschwinden. „Warum hilft mir denn keiner?", denkt Paul verzweifelt. Die Tränen steigen ihm in die Augen. Die beiden Jungs lachen. „So ein Weichei!", spotten sie und verschwinden hinter dem Blumenstand.

Gedanken zur Geschichte

L: Jesus, der für viele Menschen der Allergrößte war, wurde klein gemacht. Sie haben ihn an das Kreuz geschlagen. Er war hilflos und konnte sich nicht mehr befreien.
Auch Paul konnte sich selbst nicht mehr helfen.
Wart ihr auch schon einmal hilflos?
Habt ihr euch auch schon einmal klein gefühlt?

Gemeinsames Gebet

A: Jesus, als du gekreuzigt wurdest, warst du ganz hilflos.
Du konntest dir nicht helfen. Du konntest niemandem von deiner Angst erzählen.
Hilf uns, die Hilfe anderer zu suchen, wenn wir Angst haben.
Öffne unser Herz für die Sorgen unserer Mitmenschen.
Lass uns andere nicht klein machen. Amen.

Aktion

→ *Die Kinder legen ein Kreuz aus grünen Zweigen.*

Lied: Geh mit uns

4. Station: Jesus stirbt am Kreuz

→ *Die Station sollte in der Nähe einer Straße stattfinden. Achten Sie bitte als Leitung darauf, dass der Abstand zum Straßenrand groß genug ist und Erwachsene zur Sicherung abgestellt sind.*

Impulstext

L: Die drei Kreuze wurden auf dem Berg Golgota aufgestellt. Die Leute und die Soldaten verspotteten Jesus. Zwei Verbrecher hingen neben Jesus an ihren Kreuzen. Jesus sprach mit ihnen über ihr Leben und darüber, warum sie zu Verbrechern wurden. In größter Not hat er noch ein offenes Ohr für seine Mitmenschen. Am Nachmittag gegen drei Uhr wurde es plötzlich ganz dunkel. Jesus rief noch einmal zu Gott. Dann starb er am Kreuz.

Katharinas Fahrradunfall

E: Katharina ist 17 Jahre alt und macht eine Ausbildung zur Bürokauffrau in einem Sanitärgeschäft. Sie freut sich sehr, dass es mit diesem Ausbildungsplatz geklappt hat. Das Geschäft liegt nur zwei Kilometer von ihrem Zuhause entfernt und sie kann jeden Tag mit dem Fahrrad zur Arbeit fahren. Sie hat zwar schon den Führerschein, aber sie darf noch nicht alleine fahren. Außerdem kann sie sich noch kein Auto leisten. Es geschah an einem Freitag, morgens um sieben Uhr. Katharina geht in die Garage und holt ihr Fahrrad. „Der Helm. Nein, heute mag ich keinen Helm aufsetzen. Der verdrückt mir nur meine Frisur. Die sieht heute klasse aus“, denkt sie sich und steigt aufs Rad.

Katharina wohnt in der neuen Siedlung. Um in den Ort zu kommen, muss sie eine steile Bergstrasse hinunterfahren, an deren Ende eine scharfe Linkskurve ist. Und da passiert es: Katharina fährt viel zu schnell und kann vor der Kurve ihr Tempo nicht mehr zügeln. Sie saust über den Randstein und über den Gehweg, überschlägt sich und stützt die Böschung hinunter. Im Graben bleibt sie liegen. Sie ist bewusstlos. Ihr Kopf blutet. Zum Glück hat der Zeitungsträger den Unfall beobachtet. Er holt einen Rettungswagen und Katharina kommt ins Krankenhaus. Nur eine Gehirnerschütterung und eine Platzwunde. Zum Glück.

Gedanken zur Geschichte

L: Gott sei Dank geht es Katharina heute wieder gut. Aber es gibt auch viele Menschen, die bei Unfällen sterben. Oder sie sterben, weil sie krank oder alt sind. Es tut immer weh, einen lieben Menschen zu verlieren. Wir wollen nun kurz still werden und an Menschen denken, die wir kennen und die gestorben sind.

Gemeinsames Gebet

A: Jesus, jeden Tag sterben Menschen. Sie sterben nach langem Leiden oder ganz plötzlich, erwartet oder unerwartet. Manchmal sterben Menschen, die wir kennen

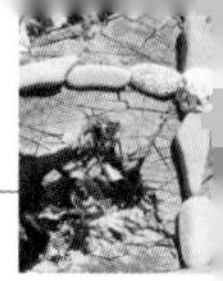

und gern haben. Das macht uns sehr traurig. Doch wir dürfen darauf vertrauen, dass du immer bei uns und auch bei den Sterbenden bist. Gib uns die Kraft, mit allen traurigen Seiten unseres Lebens umzugehen und Trost zu finden. Amen.

Aktion

→ *Die Kinder legen ein Kreuz aus grünen Zweigen.*
Sie dürfen dabei den Namen von Verstorbenen nennen, die sie gekannt haben.

Lied: Herr, erbarme dich

5. Station: In der Kirche – Das Grab

→ *Stiller Einzug*
→ *Das mitgeführte Kreuz wird vor den Altar auf ein braunes Tuch gelegt.*

Einführung

L: Wir haben unser Kreuz nun vor uns auf die Erde gelegt. Wir denken an Jesus, der vor etwa 2000 Jahren gestorben ist. Als Jesus tot war, haben seine Freunde ihn in eine Höhle gelegt. Das waren damals die Gräber besonderer Leute. Jesus ist beerdigt worden. Wenn heute jemand stirbt, beerdigen wir ihn auf einem Friedhof. Viele Gräber sind mit Blumen geschmückt. Die Menschen bringen Blumen an die Gräber, um ihren Verstorbenen zu zeigen: wir denken an euch und haben euch lieb. Auch wir wollen nun Blumen an Jesu Grab legen.

Aktion

→ *Die Kinder legen Blumen ans Kreuz.*

Vater unser

Give-away

→ *Die Kinder erhalten als Give-away kleine Töpfe mit Osterglocken.*
Dazu kann die Leitung die folgenden Worte sprechen:

L: Wie die Gräber auf dem Friedhof, haben wir das Kreuz Jesu mit Blumen geschmückt, als Zeichen dafür, dass wir den Verstorbenen über den Tod hinaus lieb haben. Aber: Jesus ist nicht im Tod geblieben. Wir wissen von der Auferstehung Jesu. Gott hat ihn zu neuem Leben erweckt. Das feiern wir bald an Ostern. Schon heute können wir uns ein kleines Erinnerungszeichen dafür mitnehmen. Vielleicht finden die schönen Blumen Platz auf eurem Osterfesttisch zuhause.

Lied: Kleines Senfkorn Hoffung

Gehen wir zu weit? – Ein Kreuzweg mit Ausblick

Vorüberlegungen

Gehen wir zu weit, wenn wir einen Kreuzweg schon mit den Geschehnissen des Gründonnerstag beginnen und eine Abendmahlfeier gestalten? Gehen wir zu weit, wenn wir das für das Sterben Jesu symbolisch gelöschte Lebenslicht am Ende wieder anzünden? Geht das in der Fastenzeit oder am Karfreitag? Ja, das geht, denn auf diese Weise ermöglicht man Kindern, Karwoche und Osterfest in einem Zusammenhang kennenzulernen und Verbindungen zu entdecken. Dies versucht das folgende Konzept für einen Kinderkreuzweg mit fünf Stationen und einem Abschluss. Bieten Sie diese Kreuzwegfeier gezielt und, wenn möglich, ausschließlich für Kinder im Grundschulalter an. Die Tischgemeinschaft zu Beginn wird von den Kindern intensiver erlebt, wenn sie unter sich sind. Darüber hinaus beinhaltet dieses Modell sehr viele verschiedene Interaktionsmethoden. Die Kinder dürfen häufig mitreden und mitgestalten. Sind viele Erwachsene dabei, haben die Kinder unter Umständen Hemmungen, sich zu äußern. Insgesamt sollte die Gebetsgemeinschaft bei diesem Konzept nicht allzu groß sein, da sonst der Einzelne zu selten zu Wort kommt. Zentrales Symbol ist das „Lebenslicht Jesu", eine Kerze, die zu Beginn entzündet wird und Jesus symbolisiert. Dieses Lebenslicht wird in Station fünf (Tod Jesu) gelöscht. Beim Abschluss, der am besten in einer Kirche stattfinden sollte, wird es mit Blick auf Ostern wieder angezündet. Als Hoffungszeichen erhalten die Kinder kleine Blumentöpfe mit Erde und eine paar Weizenkörner. Das Weizenkorn wird zu Hause in die Erde gelegt und erwacht zu neuem Leben. Diesen Kern der Osterbotschaft sollen die Kinder sichtbar mit nach Hause nehmen.

Material

- ☐ Lied-/Gebetszettel
- ☐ Holzkreuz
- ☐ Laterne mit Kerze
- ☐ Tisch mit weißer Tischdecke, Fladenbrot, Kelch, Traubensaft
- ☐ Bilder von Menschen, die eine „Last“ tragen (zum Beispiel kranker, armer, einsamer Mensch, trauriges Kind, usw. Beispiele siehe beigefügte CD-ROM)
- ☐ Farbige Tücher
- ☐ Wortkarten (siehe beigefügte CD-ROM)
- ☐ Dornenkrone
- ☐ Holzbalken, Nägel, Hammer
- ☐ Buchszweige
- ☐ Weizenkörner, Töpfchen mit etwas Erde

Abkürzungen

L = Leitung
E = Erzähler/in
A = Alle

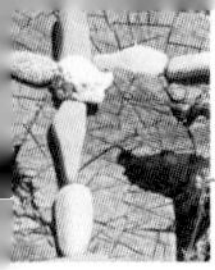

1. Station: Jesus feiert das letzte Mahl

→ *Ein geeigneter Ort für diese Station ist ein Pfarrsaal.*

Einführung

L: Wir sind heute aus einem besonderen Grund hier zusammengekommen. Wir wollen das Leiden und Sterben Jesu betrachten. Dass Jesus in unserer Mitte ist, daran soll diese Kerze erinnern, die wir nun entzünden.

→ *Die Jesuskerze wird von einem Kind entzündet und in die Laterne gestellt.*

Lied: Wo zwei oder drei

Gespräch

L: Am Abend bevor Jesus gekreuzigt wurde, hat er mit seinen Freunden ein Fest gefeiert. Wenn wir ein Fest feiern, dann bereiten wir Einiges vor. Was macht denn deine Mutter zu Hause, wenn ihr Besuch erwartet? Auch Jesus hat mit seinen Freunden damals Mahl gehalten. Hören wir davon. Zuerst aber wollen wir einmal den Tisch decken.

→ *Der Tisch wird bereitet, indem Tischdecke, Brot, Trinkgefäß und Saft auf den Tisch gelegt werden.*

Biblische Erzählung (nach Mk 14,22-25):

E: Als es Abend wurde, ging Jesus mit seinen zwölf Jüngern zu Tisch. Während des Mahles nahm Jesus das Brot, brach es, reichte es seinen Jüngern und sprach: „Dieses Brot ist mein Leib. So oft ihr dieses Brot esst, denkt immer an mich.“ Dann nahm er den Kelch mit Wein und sprach: „Dieser Wein ist mein Blut. So oft ihr davon trinkt, denkt immer an mich.“ Und die Jünger haben vom Brot gegessen und vom Wein getrunken.

Aktion

→ *In Erinnerung an das letzte Abendmahl teilt die Leitung einen großen Laib Brot und gibt jedem/r Teilnehmer/in ein Stückchen des Brotes. Ebenfalls wird ein Gefäß mit Traubensaft herumgereicht. Im Anschluss folgt eine kurze Stille.*

Gebet

L: Jesus, wir danken dir, dass du in den Zeichen von Brot und Wein immer bei uns bleiben willst. Wir wollen uns jetzt gestärkt auf den Weg machen und deinen Leidensweg betrachten. Wir wollen den Weg mit dir gehen. Das Licht, das wir mittragen werden, soll uns an deine Gegenwart erinnern. Wir bitten dich: Begleite uns auf unserem Weg. Amen.

Lied: Geh mit uns

2. Station: Jesus hat Angst und betet am Ölberg

→ *Das Kreuz wird in die Mitte gelegt, das Lebenslicht dazugestellt.*

Biblische Erzählung (nach Mk 14,32-36)

E: Nach dem Abendmahl geht Jesus mit seinen Jüngern zu dem Garten am Ölberg, den sie alle Getsemani nannten. Jesus weiß: Jetzt werde ich bald sterben. Er hat große Angst. Er bittet zwei seiner Jünger, bei ihm zu bleiben und mit ihm zu beten. Aber sie schlafen ein. Jesu Angst wird immer größer. Er betet zu Gott: „Vater, ich habe große Angst! Aber dein Wille geschehe."

Gespräch

L: Jesus betet zu Gott, seinem Vater. Wie mag er sich wohl gefühlt haben? Wenn du dieses Gefühl in einer Farbe ausdrücken solltest, welche würdest du wählen? Suche dir ein Tuch aus.

Aktion

→ *Die Kinder wählen farbige Tücher aus. Die Farben der Tücher symbolisieren die Gefühle Jesu, die ihm von den Kindern zugeschrieben werden. Die Kinder begründen ihre Wahl.*

Gespräch

L: Jesus hatte furchtbare Angst. Angst zu haben, dieses Gefühl kennt ihr sicher auch. Wovor hast du Angst? Ihr dürfte eure Ängste jetzt auf eine Karte schreiben, die wir nachher an das Kreuz heften werden.

→ *Die Kinder notieren ihre Ängst auf die Wortkarte und führen den Satz „Ich habe Angst, wenn ..." zu Ende. Im Anschluss werden die Karten an das Kreuz geheftet.*

Gebet

L: Jesus, du bist allein in der Nacht. Du hast Angst. Du willst das Schwere tragen. Du betest und sprichst zu deinem Vater. Du willst auch uns nahe sein, wenn wir Angst haben. Wir bitten dich: Sei bei uns, wenn Angst uns quält. Amen.

Lied: All eure Sorgen (Strophen 1-2)

3. Station: Jesus trägt das schwere Kreuz – Jesus hat Schmerzen

→ *Das Kreuz wird in die Mitte gebracht, das Lebenslicht Jesu hinzugestellt. Die Dornenkrone wird auf das Kreuz gelegt.*

Biblische Erzählung (nach Mk 14,50-51; 15,16-21)

E: Dann hört Jesus die Soldaten kommen. Sie wollen ihn gefangen nehmen. Die Jünger laufen weg. Jesus ist mit den Soldaten alleine. Sie führen ihn in die Stadt und verspotten ihn. Sie lachen ihn aus. Nach der Verurteilung wird Jesus mit einer Dornenkrone gekrönt. Die Dornen tun ihm weh. Die Soldaten fühlen sich stark. Sie laden Jesus ein schweres Holzkreuz auf die Schultern. Er kann es kaum tragen. Er hat große Schmerzen.

Gespräch

L: Jesus hat Schmerzen. Es sind vielleicht nicht nur die Krone und das Kreuz, die ihm weh tun. Was verletzt dich manchmal? Wir denken in einer kurzen Stille darüber nach. Im Anschluss daran haben wir wieder die Möglichkeit, unsere Gedanken aufzuschreiben und sie ans Kreuz zu heften.

→ *Stille.*

→ *Nach der Stille ergänzen die Kinder die Wortkarten „Es tut mir weh, wenn ..." und heften diese an das Kreuz.*

Gebet

L: Jesus, du trägst die Dornenkrone, du trägst das Kreuz. Du hast große Schmerzen. Die Soldaten lachen dich aus und verspotten dich. Sie tun dir weh. Du willst auch uns nahe sein, wenn wir verletzt sind. Wir bitten dich: Sei bei uns. Amen.

Lied: Geh mit uns

4. Station: Simon von Cyrene hilft Jesus das Kreuz tragen

→ *Das Kreuz wird in die Mitte gelegt, das Lebenslicht dazugestellt.*

Biblische Erzählung (nach Mk 15,21)

E: Jesus trägt das schwere Kreuz. Unter der Last bricht er fast zusammen. Da kommt ein Mann, der gerade von der Arbeit nach Hause geht: Simon von Cyrene. Er hilft Jesus, das schwere Kreuz zu tragen.

Gespräch

L: Jesus hat das schwere Kreuz getragen. Auch heute müssen viele Menschen schwere Lasten auf sich nehmen.

→ *Die Bilder von Menschen, die in ihrem Leben ein Kreuz auf sich nehmen müssen (siehe CD-ROM), werden in die Mitte vor das Kreuz gelegt.*

L: Seht euch die Bilder an. Welche Lasten haben die Menschen zu tragen? Suche dir ein Bild aus! Wie könnte ich diesem Menschen helfen, seine Last zu tragen?

→ *Die Kinder suchen sich „ihr" Bild und erzählen von den Möglichkeiten, diese Menschen zu unterstützen.*

Gebet

L: Jesus, du gehst den Kreuzweg, dein Kreuz ist schwer. Simon hilft dir, dein Kreuz zu tragen. Erst will er nicht, aber dann trägt er es mit dir. Wir bitten dich: Lass uns die Lasten sehen, die andere Menschen tragen müssen und mache uns bereit, ihnen zur Seite zu stehen? Amen.

Lied: All eure Sorgen (Strophe 3)

5. Station: Jesus stirbt am Kreuz

→ *Das Kreuz wird in die Mitte gelegt, das Lebenslicht dazugestellt.*

Biblische Erzählung (nach Lk 23,37)

E: Als Jesus das Kreuz auf den Berg getragen hat, schlagen die Soldaten seine Hände und seine Füße mit Nägeln am Kreuz fest. Dann richten sie das Kreuz auf. Wieder lachen sie Jesus aus: „Wenn du ein König bist, dann hilf dir doch selbst!" Jesus hat große Schmerzen.

→ *An dieser Stelle dürfen einige Kinder Nägel in das am Boden liegende Kreuz einschlagen. (Drei Schläge pro Kind)*

E: Jesus spricht ein letztes Mal zu seinem Vater im Himmel. Dann stirbt er.

Aktion

→ *Ein Kind darf im Anschluss an die Erzählung das Lebenslicht in der Laterne löschen. Über das Kreuz wird ein schwarzes Tuch gelegt.*

→ *Stille.*

Gebet

L: Jesus, du wirst ans Kreuz geschlagen, die Menschen behandeln dich wie einen Verbrecher. Du sprichst mit deinem Vater und stirbst am Kreuz. Wir bitten dich: Herr, erbarme dich! **A:** Herr erbarme dich!

Abschluss in der Kirche: Jesus wird leben!

→ *Das Kreuz, die Laterne, die Dornenkrone und ein schwarzes Tuch werden vor den Altar gelegt.*

Gespräch

L: Wir haben das Lebenslicht Jesu ausgeblasen. Ist mit dem Tod Jesu jetzt alles aus? Jesus ersteht von den Toten! Gott erweckt ihn zu neuem Leben. Deshalb dürfen wir das Lebenslicht wieder anzünden.

→ *Die Kerze in der Laterne wird wieder entzündet.*

L: Weil Jesus den Tod besiegt hat, dürfen auch wir hoffen und darauf vertrauen, dass mit dem Tod nicht alles zu Ende ist. Wir dürfen hoffen, das Jesus bei uns ist, wenn wir Angst haben, wenn uns jemand weh getan hat und wenn uns das Leben Schwierigkeiten bereitet. Zum Zeichen für diese Hoffnung schmücken wir jetzt die Dornenkrone mit grünen Zweigen.

Aktion

→ *Die Kinder stecken Buchszweige an die Dornenkrone.*

Zusammenfassung

L: Die Dornenkrone ist zum Siegeskranz geworden. Jesus hat den Tod besiegt. Er lebt! Gott hat Jesus neues Leben geschenkt. Wie Jesus dürfen auch wir zu ihm Vater sagen. Gemeinsam wollen wir uns im Gebet, das Jesus uns gelehrt hat, im Vater Unser, an ihn wenden. Dazu bilden wir einen Kreis um das Kreuz und reichen uns die Hände.

Vater unser

Abschied und Give-away

L: Auch das Weizenkorn ist ein Zeichen dafür, dass aus etwas Totem etwas Lebendiges werden kann. Es erscheint trocken, wie tot. Wird es aber in die Erde gelegt, kann neues Leben darin aufkeimen. Jeder darf einen kleinen Topf und ein paar Körnchen mitnehmen. Wenn du die Körner in die Erde legst und regelmäßig gießt, werden dich bald schöne grüne Halme an unsere Kreuzwegfeier und an die Auferstehung Jesu erinnern.

Lied: Kleines Senfkorn Hoffnung

Aus unserer Sicht – Ein selbstgestalteter Bilderkreuzweg

Vorüberlegungen

Das Konzept „Aus unserer Sicht" ist ein Kreuzweg für Familien. Diese werden schon in die Vorbereitung mit einbezogen. Er besteht aus fünf Stationen und einer Abschlussmeditation, die am besten in einer Kirche stattfinden sollte. Sprechen Sie einige Wochen vor dem geplanten Termin Familien an und fragen Sie diese, ob Sie ein Bild zu den Kreuzwegstationen gestalten würden. Machen Sie deutlich, dass Sie das benötigte Material und alle notwendigen Informationen zur Verfügung stellen. Weisen Sie darauf hin, dass die zu fertigenden Bilder keine Kunstwerke sein sollen, sondern als ein gemeinsames „Familienprojekt" von allen, selbst den Kleinsten, mitgestaltet werden dürfen. Es macht Sinn, eine gemeinsame Technik festzulegen. Mit der Bereitstellung des Gestaltmaterials haben Sie diesbezüglich die Fäden gut in der Hand.

Vorschläge zur Gestaltung der Kreuzwegbilder

a) Techniken und Material

- 6 Fotokartons, DIN A 1, weiß
- Malerei: Wasserfarben, Plakafarben, Pinsel
- Reißtechnik: Buntes Papier (Glanzpapier, Transparentpapier, normales Kopierpapier in verschiedenen Farben), Klebstoff.
  Vorgehensweise: Papier in kleine Schnipsel reißen und ein Bild daraus kleben. Diese Technik macht vor allem Kindern Spaß. Die Umrisse des Bildes können zuvor mit Bleistift vorgezeichnet werden.
- Ausschneidetechnik: große Bögen Tonpapier in verschiedenen Farben, Klebstoff.
  Vorgehensweise: Die Figuren werden vorher auf Tonpapier vorgezeichnet, ausgeschnitten und auf Plakat geklebt.

Es gibt noch viele weitere Möglichkeiten, ein großes Bild zu gestalten. Welche Technik die Familien auch auswählen, weisen Sie bitte darauf hin, dass es günstig ist, die Figuren und Symbole auf dem Bild möglichst groß zu gestalten und kräftige Farben zu wählen. Das Kreuzwegbild sollte auch aus einiger Entfernung gut erkennbar sein.

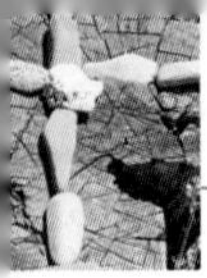

b) Informationen für die gestaltenden Familien

Informieren Sie die Familien über

- □ den Titel der Station, für die sie das Bild gestalten.
- □ die entsprechende Schriftstelle der Bibel.
- □ den Text, der an der jeweiligen Station vorgelesen wird.

Weiteres Material

- □ Holzkreuz, Gebets-/Liedzettel, Teelichter

Abkürzungen

L = Leitung
A = Alle
S1/S2 = Sprecher/in 1/2

Begrüßung und Eröffnung

→ *Die Eröffnung des Kreuzwegs findet in einer Kirche statt.*

L: Zu unserem gemeinsamen Kreuzweg möchte ich euch alle herzlich begrüßen.

Lied: Eines Tages kam einer (Strophen 1+2)

Einführung

L: Liebe Kinder, wir sind hier, um an den schweren Weg Jesu bis zu seinem Tod am Kreuz zu denken und miteinander zu beten. Das Kreuz hier vorne erinnert uns an Jesus und sein Leiden für uns Menschen. Sechs Familien haben Bilder zum Kreuzweg gestaltet. Diese wollen wir heute betrachten. Zuvor wollen wir gemeinsam das Gebet sprechen, das auf dem Gebetszettel abgedruckt ist.

Gemeinsames Gebet zu Beginn

A: Lieber Jesus, du bist damals einen schweren Weg gegangen.
Es war schwer für dich, verspottet und gequält zu werden.
Schwer lastete das Kreuz auf deiner Schulter.
Wir bitten dich: Lass uns aufmerksam sein, wenn wir jetzt an deinen Weg denken,
damit wir erkennen, wie wir Menschen helfen können,
die wie du einen schweren Weg gehen müssen. Amen.

1. Station: Jesus wird zum Tod verurteilt

→ *Das erste Kreuzwegbild wird gezeigt.*

Zwiegespräch/Bildbetrachtung

S1: Du, sag doch mal, warum ist Jesus hier auf dem Bild gefesselt wie ein Angeklagter? Hat er denn etwas Böses getan?

S2: Nein, er hat nichts Böses getan. Er war gut zu den Menschen. Er hat vielen geholfen und ihnen von Gott, seinem Vater, erzählt. Viele Menschen aber haben ihm nicht geglaubt. Sie dachten, dass er lügt und dass er den Herrschenden gefährlich werden kann. Deshalb wollten sie, dass Pilatus ihn zum Tode verurteilt.

S1: Hat Pilatus ihm auch nicht geglaubt?

S2: In der Bibel steht, dass Pilatus erkannte, dass Jesus unschuldig war. Aber er hatte große Angst vor dem schreienden Volk und vor allem vor dem mächtigen Kaiser in Rom. Deshalb verurteilte er Jesus zum Tod. Auch Jesu Freunde ließen ihn im Stich. Es schien, dass alle auf einmal gegen ihn waren.

S1: Die Verurteilung von Jesus war ja wohl eine ziemlich ungerechte Sache. Passiert so etwas eigentlich auch noch bei uns?

→ *Kurze Stille.*

Gemeinsames Gebet

A: Lieber Jesus, wir wissen: Es ist nicht schön, wenn jemand zu Unrecht beschuldigt, verurteilt oder verspottet wird. Dennoch machen wir es manchmal auch. Wir lachen Menschen aus oder verpetzen Mitschüler zu Unrecht beim Lehrer.
Hilf uns, dass wir zu den Menschen halten, die ausgelacht oder angeklagt werden, obwohl sie nichts Böses getan haben. Lass uns ihnen helfen, damit sie wieder fröhlich sein können. Amen.

Lied: Herr, erbarme dich

2. Station: Jesus nimmt das schwere Kreuz

→ *Das zweite Kreuzwegbild wird gezeigt.*

Bildbetrachtung

S1: Das Todesurteil ist gesprochen. Die Soldaten haben Jesus verspottet, ihn gefesselt und ihm eine Krone aus Dornen aufgesetzt. Zum Spott haben sie ihm einen roten Königsmantel angezogen: „Schaut her, was für ein toller König, der sich nicht einmal selbst helfen kann!"
Jetzt laden sie ihm das schwere Kreuz auf. Er soll es selbst zu seiner Hinrichtungsstätte tragen. Jesus nimmt das Kreuz schweigend an und trägt es aus Liebe zu den Menschen. Er liebt sogar *die* Menschen, die ihm das schwere Leid zufügen.

Impulsgedanken

S2: Unser Kreuz, das wir tragen, hat viele Namen. Es kann Krankheit heißen oder Behinderung, Probleme in der Familie oder Schulstress. So kann es zum Beispiel belastend und schwer sein, immer auf die Geschwister aufpassen zu müssen, weniger zu haben als andere oder von anderer Hautfarbe zu sein. Was unangenehm oder schwierig ist, möchten wir manchmal nicht annehmen. Oft sind wir uns sogar selbst eine Last: Wir können uns nicht leiden.
Welche Last möchte ich nicht annehmen? Ich lade euch ein, in einer kurzen Stille darüber nachzudenken.

→ *Kurze Stille.*

Gemeinsames Gebet

A: Lieber Jesus, du hast eine schwere Last zu tragen, die dir andere Menschen auf die Schulter gelegt haben. Auch wir laden manchmal schwere Lasten auf, zum Beispiel durch böse Worte. Hilf, dass wir einander gute Worte sagen, die anderen Mut machen. Amen.

Lied: Geh mit uns *(nur Refrain, mehrmals wiederholen)*

3. Station: Jesus fällt unter dem Kreuz

→ *Das dritte Kreuzwegbild wird gezeigt.*

Bildbetrachtung

S2: Mit lautem Geschrei haben die Leute Jesus durch die holprigen Straßen von Jerusalem getrieben. Jesus ist sehr schwach. Alles tut ihm weh. Jetzt kann er nicht mehr. Er wankt und fällt. Er liegt am Boden, im Dreck der Straße. Die Soldaten aber ziehen ihn hoch und schlagen ihn, damit er weiterläuft. Sie haben kein Mitleid mit Jesus.

Impulsgedanken

S1: Wir wissen, wie weh es tut, wenn wir fallen. Das ist jedem von uns schon einmal passiert. Dennoch lachen wir manchmal und sind schadenfroh, wenn andere auf die Nase fallen und im Dreck liegen. Oft schauen wir nur zu und helfen nicht. Wir freuen uns sogar am Missgeschick oder am Leid des anderen. Ihm zu helfen, fällt uns sehr schwer.

Gemeinsames Gebet

A: Lieber Jesus, du brichst unter der schweren Last zusammen. Du hast einfach keine Kraft mehr. Manchmal denken wir auch: Jetzt geht es nicht mehr weiter. Das kann nach einer schlechten Note sein oder wenn der beste Freund nicht mehr mit uns spricht. Jesus, wir bitten dich: Bleibe bei uns, wenn es uns nicht gut geht. Gib uns die Kraft, immer wieder aufzustehen und gib uns Menschen, die uns aufrichten. Hilf uns, anderen eine helfende Hand zu reichen, wenn sie uns brauchen. Amen.

Lied: Herr, erbarme dich

4. Station: Jesus begegnet seiner Mutter Maria

→ *Das vierte Kreuzwegbild wird gezeigt.*

Bildbetrachtung

S2: Auf dem Kreuzweg begegnet Jesus seiner Mutter Maria. Sie ist sehr traurig und weint. Sie leidet mit ihm. Sie lässt ihn nicht im Stich wie viele seiner Freunde. Sie streckt ihm die Hände entgegen. Sie will und muss ihrem Kind nahe sein. Maria geht den Kreuzweg mit, auch wenn sie Jesus die schwere Last nicht abnehmen kann. Jesus und Maria schauen sich an: Sie wissen, dass Wahrheit stärker ist als Lüge und Liebe stärker ist als aller Hass.

Impulsgedanken

S1: Auch wir begegnen vielen Menschen, die eine schwere Last zu tragen haben: Kranken, Armen, Traurigen, Einsamen, ... oft sind es sogar unsere Eltern, Geschwister, Großeltern, Klassenkameraden oder Freunde, die ein Kreuz tragen müssen. Viele warten auf ein gutes Wort von uns, auf einen freundlichen Blick, auf eine Berührung. Manchmal sehen wir aber nicht, wenn jemand unsere Zuwendung braucht. Unser Alltag macht uns oft hartherzig und blind für das, was wirklich wichtig ist.

Gemeinsames Gebet

A: Lieber Jesus, du weißt, dass wir immer dann, wenn es uns nicht gut geht, auf Menschen warten, die uns nahe sind. Menschen, die uns trösten, uns lieb haben und bei uns bleiben. Danke, dass du uns durch unsere Familien und Freunde solche Menschen geschenkt hast. Hilf, dass auch wir andere trösten, wenn sie uns brauchen. Amen.

Lied: Geh mit uns

5. Station: Simon von Cyrene hilft Jesus das Kreuz zu tragen

→ *Das fünfte Kreuzwegbild wird gezeigt.*

Zwiegespräch/Bildbetrachtung

S2: Schau mal: Auf diesem Bild trägt Jesus das Kreuz nicht mehr alleine.

S1: Ja, da hilft ihm jemand, es zu tragen. Jesus war total erschöpft. Er war der Ohnmacht nahe. Da befahl der Hauptmann einem Mann, der vom Feld nach Hause kam, Jesus zu helfen.

S2: Und der hat das Kreuz dann mitgetragen? Das wundert mich sehr!

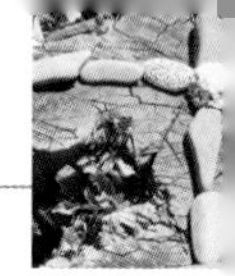

S1: Ja, er hieß Simon von Cyrene. Erst wollte er nicht. Er müde war von seiner Arbeit und sah nicht ein, weshalb er plötzlich das Kreuz tragen sollte. Außerdem war es ihm peinlich. Aber die Soldaten zwangen ihn. Als er Jesus sah, hatte er schließlich Mitleid und half ihm.

S2: Das ist wie bei uns: Oft sind wir dem Simon ähnlich. Wir drücken uns gern und haben keine Lust zu helfen. Besonders, wenn es jemand ist, der nicht so beliebt ist. Doch oft merken wir dann, wie froh es macht, helfen zu können – egal, was die anderen sagen.

Gemeinsames Gebet

A: Lieber Jesus, immer wieder begegnen wir Menschen, die eine schwere Last zu tragen haben. Gib uns offene Augen, die Not anderer zu sehen und den Mut, ihnen zu helfen. Manchmal tragen auch wir selbst eine Last: Wir werden angelogen oder verpetzt. Lass uns immer jemanden finden, der zu uns hält. Amen.

Lied: Herr, erbarme dich

Abschluss: Jesus stirbt am Kreuz

→ *Das sechste Kreuzwegbild wird gezeigt.*

Bildbeschreibung

S2: Auf dem Berg Golgotha angekommen, wird Jesus auf das Kreuz gelegt. Die Soldaten nageln ihn an Händen und Füßen am Kreuz fest. Dann richten sie das Kreuz auf. Obwohl Jesus unschuldig war, wurde er gekreuzigt und sollte sterben!

→ *Kurze Stille zur meditativen Bildbetrachtung.*

S1: Es war um die neunte Stunde, als Jesus starb. Plötzlich, so erzählt die Bibel, brach eine große Dunkelheit über das Land herein. Die Menschen bekamen Angst. Sie spürten, dass etwas Schlimmes passiert war. Sie sagten: „Wirklich, dieser Mensch war der Sohn Gottes!“

→ *Stille.*

Impulsgedanken

S2: Wir wollen dieses Bild von Jesu Tod am Kreuz still anschauen und ihm danken, dass er aus Liebe zu uns diesen schweren Weg gegangen ist. Wir wollen ihn auch um Verzeihung bitten, wo wir heute dazu beitragen, dass Menschen leiden müssen.

→ *Stille.*

Freie Fürbitten

→ *Für jede Fürbitte entzündet der/die Beter/-in ein Teelicht und stellt es zum Bild.*

Vater unser

Verabschiedung

Lied: Liebe ist nicht nur ein Wort

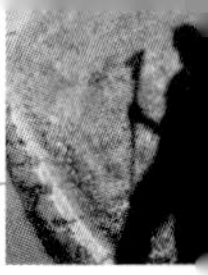

Emmausgang

In bester Gesellschaft – Mit den Emmausjüngern unterwegs

Vorüberlegungen

Zwei Jünger, traurig und mutlos, flüchten vor der Resignation, die sich nach dem Tod Jesu in Jerusalem breit macht. Sie beschließen, nach Emmaus zu gehen. Unterwegs gesellt sich der auferstandene Jesus zu ihnen. Die Jünger erkennen ihn zunächst nicht. Sie erzählen dem „Fremden" von ihren Erfahrungen mit Jesus. Erst in Emmaus, beim Abendessen, erkennen die Jünger Jesus an seinen Worten und Gesten beim Brotbrechen wieder. Sie waren schon eine ganze Weile „in bester Gesellschaft", ohne es zu merken.
Auch die Teilnehmer dieses Emmausganges sollen sich über gute Gesellschaft auf ihrem Weg freuen. Sie werden von den zwei Jüngern, gespielt von zwei Gemeindemitgliedern, begleitet. Unterwegs berichten diese von ihren Erlebnissen mit Jesus. Der vorliegende Vorschlag enthält einige bekannte biblische Erzählungen, damit die Jünger in ihren Dialogen anschaulich die Bandbreite des Wirkens Jesu darlegen können. Von der Heilung des blinden Bartimäus spannt sich der Bogen über Jesu Lebenshilfe bei Zachäus bis hin zum Wunder der Brotvermehrung. Angesichts dieser Ereignisse erscheint der Tod Jesu noch unverständlicher, die Auferstehung als echte Notwendigkeit. Beim Brotbrechen in Emmaus wandelt sich schließlich alle Trauer in Freude: Jesus ist tatsächlich auferstanden.

Die Gemeindemitglieder, die in die Rollen der beiden Jünger schlüpfen, sollten möglichst authentische Kostüme aus der Zeit Jesu tragen. Diese sind schnell genäht und werden mit einer Kordel zusammengerafft. Viele Pfarreien besitzen einen kleinen Fundus an biblischen Gewändern, die ausgeliehen werden können. Für den Abschluss benötigen Sie einen Raum mit einem großen Tisch und Stühlen.

Durch das Mitgehen der Jünger, ihre Dialoge unterwegs und das gemeinsame Brotbrechen zum Schluss wird die Emmauserzählung hautnah miterlebt. Die Teilnehmer werden schließlich selbst zu „Jüngern der Gegenwart", die das gemeinsame Brotteilen als tiefe Dimension der Jesusbegegnung erfahren. Daher kann dieser letzte Teil durchaus auch als Eucharistiefeier gestaltet werden.

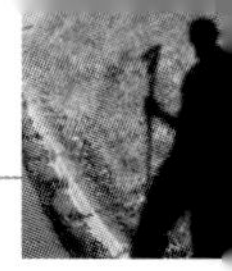

Die Rolle des Erzählers (E) könnte eine Frau übernehmen. Durch ihre Sprechtexte wird die biblische Emmauserzählung mit den biblischen Geschehnissen verwoben. Auf diese Weise wird neben den beiden männlichen Jüngern auch eine Frau Teil des Emmausganges.

Das Konzept eignet sich für Menschen jeden Alters. Die Liedauswahl kann der vorgesehenen Altersgruppe angepasst werden. Liturgisch findet die Emmauserzählung am Ostermontag ihren Platz, einen Emmausgang dieser Art können Sie jedoch in der gesamten Osterzeit anbieten. Besonders für Familien mit Erstkommunionkindern ist dies ein ansprechendes Angebot.

Material

- ☐ Lied-/Gebetszettel
- ☐ Gewänder für die Jünger
- ☐ Tücher zum Augenverbinden
- ☐ Tisch, Stühle, Tischdecke, Blumen
- ☐ Teller, Gläser, Krüge
- ☐ Fladenbrot
- ☐ Traubensaft
- ☐ große Osterkerze

Abkürzungen

L = Leitung
E = Erzählerin
J1/J2 = Jünger 1/2
A = Alle

Eröffnung und Begrüßung

L: Herzlich willkommen. Schön, dass ihr alle gekommen seid. Wir wollen heute gemeinsam unterwegs sein. Unser Weg ist ein ganz besonderer Weg: Was wir hören, was wir erleben, das haben zwei Menschen vor etwa 2000 Jahren erlebt. Auch sie sind einen Weg gegangen. Er ist in der Bibel niedergeschrieben. Beginnen wir mit dem ersten Schritt, dem Kreuzzeichen: im Namen des +Vaters, und des Sohnes und des Heiligen Geistes. Amen.

Lied: Einfach spitze

Gebet

L: Komm, Herr Jesu, wir laden Dich ein.
A: Komm, Herr Jesus, wir laden Dich ein.
L: Komm, Herr Jesu, Du sollst immer bei uns sein.
A: Komm, Herr Jesus, Du sollst immer bei uns sein.
L: Komm, Herr Jesus, geh mit uns.
A: Komm, Herr Jesus, geh mit uns.
L: Begleite uns auf jedem Schritt.
A: Begleite uns auf jedem Schritt.

Einführen der Begleiter Jesu

→ *Die zwei Jünger treten in die Mitte.*

L: Na, wer seid ihr denn?
J1: Du hast doch gerade von uns gesprochen. Wir sind die zwei Jünger, die sich vor 2000 Jahren auf den Weg gemacht haben – in eine Stadt, die hieß Emmaus.
J2: Wir waren sehr traurig. Jesus, unser Freund, der uns so viel von Gott erzählt hat, wurde verurteilt und musste am Kreuz sterben. Wir hatten große Angst, dass uns das auch passiert.
J1: Aber es kam ganz anders. Was wir auf dem Weg nach Emmaus erlebt haben, war wirklich unglaublich.
J2: Heute wollen wir euch begleiten und davon erzählen.

Impuls

E: Stell dir vor, da sind zwei Menschen, die haben ihren besten Freund verloren. Sie sind sehr traurig. Ihr Kopf und ihr Herz sind ganz leer. Sie können an nichts Schönes mehr denken. In ihrem Kopf gibt es nur ein Bild: den gekreuzigten Jesus. Alle Menschen um sie herum reden von nichts Anderem als von Jesus. „Wisst ihr noch, was er Tolles gemacht hat? Erinnert ihr euch noch, als er ...!“ Die beiden Jünger konnten es nicht mehr aushalten. Sie wollten weg, nur weg! Einer der zwei Jünger hieß Kleopas. Der Name des anderen ist unbekannt. Ihr Ziel war das elf Kilometer entfernte Emmaus. Ein weiter Weg!

L: Auch heute sind viele Menschen unterwegs: niedergeschlagen, hoffnungslos, auf dem Nullpunkt angelangt! Was bringt das alles noch? Emmaus liegt oft weit weg. Viele sind unterwegs in Hoffnungslosigkeit, Resignation, Angst, Einsamkeit, Trauer. Viele sind unterwegs – stumm, lahm, blind und taub geworden für die Nähe von Jesus. Sie alle wollen wir mit auf diesen Weg nehmen, in unseren Gedanken und in unserem Herzen.

Lied: Zwei Jünger gingen (Strophen 1-3)

1. Station: Jesus heilt

Impulstext

E: Eine lange Strecke gingen die beiden Jünger, ohne miteinander zu sprechen. Dann hielten sie das Schweigen nicht mehr aus. Sie erzählten einander, was sie mit ihrem Freund Jesus erlebt hatten. Sie wollten sich gegenseitig nochmal an alles erinnern, damit es ja keiner der beiden vergisst.

J1: Zum Glück sind wir bald da. Mir tun schon die Füße weh.
J2: Wir sind schon viele Wege gegangen. Ich erinnere mich vor allem an die, bei denen wir Jesus begleitet haben.
J1: Ja, weißt du noch, damals in Jericho? Wie müde waren wir, als wir dort angekommen sind!
J2: Stimmt. Am liebsten hätten wir uns eine Herberge gesucht und geschlafen.
J1: Aber da waren so viele Menschen. Alle wollten sie zu Jesus.
Da war vielleicht was los.
J2: War da nicht der Blinde, der am Straßenrand im Staub saß und rief: „Jesus komm zu mir!" Immer wieder haben wir es gehört.
J1: Ja, ich erinnere mich. Bartimäus hieß er, oder? Die Leute wollten ihn wegjagen, er sollte Jesus nicht belästigen.
J2: Und Jesus? Er hatte ein großes Herz. „Bringt ihn zu mir!", sagte er.
J1: Dann legte Jesus ihm die Hand auf und plötzlich konnte Bartimäus wieder sehen.
J2: Obwohl er blind war, hat Bartimäus für sein Leben nicht schwarz gesehen. Jesus war für ihn der Lichtblick schlechthin.

J1: Und Jesus hat sein Vertrauen gespürt und ihm geholfen – wie so vielen, denen keiner sonst helfen wollte. Es ist einfach unvorstellbar, dass Jesus sterben musste!

Übung

→ *Jeweils drei Teilnehmer/innen bilden eine Gruppe. Einem Teilnehmer werden die Augen verbunden. Die beiden anderen versuchen, ihn zu führen. Zunächst mit den Händen, dann mit Worten. Anschließend kann gewechselt werden.*

Gespräch

L: Wie habt ihr euch gefühlt, als ihr blind wart? Wie war es, einen Blinden zu führen?

Überleitung

L: Jesus hat Bartimäus angenommen und geheilt. Er konnte wieder sehen. Er konnte ein ganz neues Leben beginnen. Auch heute gibt es Menschen, die Zuwendung benötigen. Sicher fallen euch solche Menschen ein? Was können wir tun, um ihnen zu helfen?

Gebet

L: Jesus, du hast den blinden Bartimäus nicht im Dunkel gelassen. Du hast ihn in die Mitte geholt und sein Leben wieder hell gemacht. Wir bitten dich für ... (*Beispiele der Kinder aufgreifen*). Gib uns offene Augen und ein bereites Herz, damit wir ... Denn du hast uns gezeigt, dass jeder Mensch wertvoll und wichtig ist. Wo wir für andere da sind, da bist du mitten unter uns. Lenke unsere Schritte, damit wir gute Wege gehen. Amen.

Lied: Eines Tages kam einer (Strophen 1-3)

2. Station: Jesus schenkt Vergebung

Impulstext

E: Der Weg war länger, als die beiden Jünger gedacht hatten. Es wurde schon dämmrig. Die Jünger hatten Mühe, ihren Weg zu finden. Vorsichtig setzten sie einen Fuß vor den anderen. Hoffentlich würden sie sich nicht verlaufen. Sie konnten sich ja nur am Mond und an den Sternen orientieren. Umso mehr konnten sie nachfühlen, wie es dem blinden Bartimäus ergangen sein mußte. Sie waren ja selbst wie blind in der Dunkelheit dieses Abends. Da beschlossen die Jünger, sich noch ein wenig von Jesus zu erzählen. Miteinander zu reden vertreibt die Angst vor der Dunkelheit.

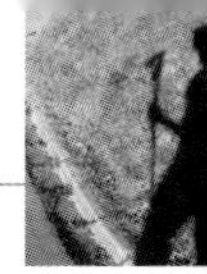

J2: In Jericho waren wir öfters. Und Jesus wurde jedes Mal von den Menschen umjubelt.
J1: Erinnerst du dich noch an den Zöllner? Wie hieß der nochmal? Z.., Z.., genau, Zachäus!
J2: Na, den konnten die Leute ja gar nicht leiden!
J1: Weil er so ungerecht war, er hat viele Menschen um ihr Geld betrogen.
J2: Alle hätten erwartet, dass Jesus ihn schimpft. Doch Jesus? Er schaute ihn freundlich an und lud sich bei ihm zum Essen ein.
J1: Darüber hat sich Zachäus so gefreut. Durch die Begegnung mit Jesus ist ihm klar geworden, dass er viele Dinge anders machen kann. Er hat sich geändert.
J2: Ja, er hat sein Geld zurückgegeben und den armen Menschen Geschenke gemacht.
J1: Jesus hat das Leben von Zachäus komplett umgekrempelt. Die Meinung der Leute interessierte ihn nicht. Es ging ihm nur um Zachäus und sein Leben. Konnte Jesus ahnen, dass sein eigenes Leben bald zur Diskussion stehen würde?

Fürbitten
L: Guter Gott, am Beispiel des Zachäus zeigst Du wie Deine Liebe verwandeln kann. Deshalb wollen auch wir bitten:

1. Kind: Zachäus war zu klein, um etwas zu sehen. Deshalb stieg er auf einen Baum. Auch uns fehlt häufig der Blick für das Wesentliche. Gib uns Augen, denen nicht entgeht, wenn uns jemand braucht. **A:** Wir bitten dich, erhöre uns.
2. Kind: Zachäus freute sich, dass Jesus in sein Haus kommen wollte. Auch wir wollen um gute Freunde bitten, und selbst gute Freunde sein. **A:** Wir bitten dich, ...
3. Kind: Zachäus machte viele Fehler und trotzdem suchte Jesus seine Nähe. Wir wollen darum bitten, dass auch wir unsere Fehler wieder gut machen dürfen und sich keiner von uns abwendet. **A:** Wir bitten dich, ...
4. Kind: Zachäus erklärte sich bereit, seinen Besitz mit den Armen zu teilen. Lass auch uns das schöne Gefühl kennen lernen, von Herzen zu geben. **A:** Wir bitten dich, ...
5. Kind: Nach dem Besuch Jesu war Zachäus glücklich. Wir wollen bitten, dass auch wir immer wieder Freude erfahren dürfen. Wir bitten dich, dass wir von Herzen lachen können und deine gute Botschaft hören. **A:** Wir bitten dich, ...

L: Um all dies bitten wir unseren Freund Jesus Christus, der alle Wege mit uns geht. Er holt uns wie Zachäus heraus aus der Sackgasse der Schuld und führt uns auf den Weg der Versöhnung. Dafür danken wir ihm, heute und alle Tage. Amen.

Lied: Eines Tages kam einer (Strophen 4-6)

3. Station: Jesus teilt das Brot für die Vielen

Impulstext

E: Der Tag ging bereits zur Neige und noch immer waren die Jünger auf dem Weg nach Emmaus. „Wann sind wir denn endlich da?", fragten sie sich. Die Beine wurden immer müder, die Schritte immer langsamer. Da geschah etwas, was die beiden zunächst in Angst und Schrecken versetzte. An einer Wegkreuzung trat plötzlich ein Fremder auf sie zu. War es ein Räuber? Nein, zum Glück nicht. Das spürten sie gleich. „Darf ich mit euch gehen?", fragte der Fremde mit freundlicher Stimme: „Es wird schon dunkel und ich kenne den Weg nicht." Die Jünger wunderten sich. Dennoch waren sie froh, dass sie noch einen Begleiter bekamen. So waren sie besser vor Dieben geschützt und außerdem sehen sechs Augen den Weg besser als vier. Nach langem Schweigen fragte der Fremde: „Ihr seht so traurig aus. Was ist mit euch los?" „Ja, weißt du das denn nicht, das mit Jesus!" Die Jünger staunten. Der Fremde wußte tatsächlich nichts von Jesus und seinem Tod. Da beschlossen die Jünger, dem Fremden von Jesus zu erzählen. Sie wußten ja so viel über den Herrn, denn sie hatten ihn ja lange Zeit begleitet.

J1: Das größte Erlebnis mit Jesus war für mich, als er auf einem Berg zu mehr als 5000 Menschen sprach.

J2: Er erzählte von Gott und alle Menschen hörten ihm zu. Das war schon beeindruckend!

J1: Bis spät am Abend dauerte seine Predigt. Doch wir machten uns große Sorgen. Die Menschen hatten Hunger.

J2: Wie sollten wir für all diese Menschen etwas zu essen beschaffen.

J1: Wir hatten nur fünf Brote und zwei Fische, aber Jesus war ganz ruhig.

J2: Er nahm das Brot, sprach ein Dankgebet und gab es weiter. Jeder sollte sich ein Stück abbrechen.

J1: Wir teilten mit all den vielen Menschen und alle 5000 wurden satt. Zum Schluss blieben sogar 12 Körbe voller Essen übrig. Einfach unglaublich!

J2: Auch ich war sprachlos. Aber eines wurde mir klar: Wo Menschen bereit sind, zu teilen und nicht nur auf sich selbst schauen, kann sich Wunderbares ereignen!

Gebet

L: Herr, du bist da, wenn wir uns versammeln.
Herr, du bist nah, wir tragen deinen Namen.
Du bist mitten unter uns.
Herr, du bist da, wenn wir teilen.
Herr, du bist nah, wenn wir zum Brot für andere werden.

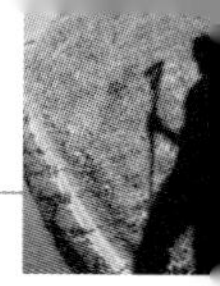

Herr, du bist da, wenn wir nicht stehen bleiben.
Herr, du bist nah, du öffnest uns die Augen.
Du bist mitten unter uns.
Herr, du bist da, wenn wir gemeinsam hoffen.
Herr, du bist nah, du bist die Zukunft selbst,
du bist mitten unter uns.

Lied: Brot, das die Hoffnung nährt

E: Der Fremde hatte den Jüngern aufmerksam zugehört. Dann sagte er: „Ich verstehe, dass ihr traurig seid. Euer Freund Jesus ist tot. Aber er soll gesagt haben, dass er ein neues Leben bei Gott haben würde. Und wenn man euch beiden so zuhört, dann spürt man: Jesus lebt auch durch euch weiter. Ihr wißt so viel über ihn!“ Die beiden Jünger und der Fremde unterhielten sich noch über Vieles auf ihrem gemeinsamen Weg. Die Jünger staunten, was der Fremde alles von Jesus erzählen konnte. Hatte er ihn vielleicht doch gekannt? Der Fremde war ihnen irgendwie unheimlich. Trotzdem tat er ihnen gut. Sie gingen weiter. Schritt für Schritt, Wort für Wort.

Abschlussandacht

→ *Der Abschluss sollte in einem gemütlichen Raum gestaltet werden. Die Teilnehmer/innen bleiben vor der Tür des Raumes stehen.*

Impulstext

E: Plötzlich sehen die Jünger viele kleine Häuser.

J1: Da ist Emmaus! Wir sind endlich da!

E: Der Fremde aber verabschiedete sich und wollte weitergehen. Da sagte Kleopas:

J2: Nein, du solltest nicht alleine weitergehen. Bleib doch bei uns! Trink und iss mit uns! Ruh' dich aus! Du kannst deinen Weg doch morgen fortsetzen.

E: Die Jünger spürten in ihrem Herzen den Wunsch, noch länger mit dem Fremden zusammen zu sein. Dieser Fremde, der doch so viel von Jesus wusste, tat ihnen sehr gut. Der Fremde freute sich und nahm ihre Einladung gerne an.

→ *Die Teilnehmer/innen gehen mit den Jüngern in den Raum und setzen sich an einen Tisch. Die Erzählerin stellt sich hinter einen Stuhl, der frei bleibt.*

E: Die Jünger und der Fremde setzten sich gemeinsam an den Tisch. Vor ihnen stand ein Teller mit Brot und Krüge mit Wein. Da nahm der Fremde das Brot, sprach

ein Dankgebet, brach das Brot und gab jedem ein Stück. Da erschraken die beiden Jünger. Das Brot nehmen, ein Dankgebet sprechen, das Brot brechen – das hatten sie doch schon einmal erlebt! Ja, damals beim Abendmahl, mit Jesus, vor seiner Verhaftung! Doch plötzlich war der Fremde weg. Weit und breit war nichts mehr von ihm zu sehen. Da erkannten die Jünger:

J1: Der Fremde war Jesus! Er begleitete uns die ganze Zeit auf dem Weg. Wie konnten wir nur so blind sein! Es war Jesus! Er lebt! Wir haben ihn erkannt, als er das Brot brach.

→ *Die Osterkerze wird auf einen Stuhl gestellt und entzündet.*

Lied: Wir preisen deinen Tod

Brotbrechen

→ *Die beiden Jünger brechen stellvertretend für Jesus das Brot und legen jedem/r Teilnehmer/in ein Stück auf den Teller. Auch der Traubensaft wird eingeschenkt.*

L: Wir nehmen nun das Brot in die Hand. Wenn wir als Christen Brot in der Hand halten, denken wir an Jesus. Er hat mit seinen Jüngern das Brot geteilt. Auch heute und hier teilt er mit uns das Brot. Wir spüren: Jesus ist heute mitten unter uns. Auch wenn wir ihn nicht erkennen. Der Auferstandene nimmt Platz in unserer Mitte. So wollen wir mit seinen Worten beten und um das tägliche Brot bitten.

Vater unser

Gemeinsames Mahl

L: Wir dürfen nun in Stille gemeinsam das Brot essen und den Saft trinken. Wir können dabei in Gedanken mit Jesus sprechen, der in unserer Mitte ist.

→ *Die Teilnehmer/innen halten nun in Stille Mahl.*

Lied: Eines Tages kam einer (Strophe 7)

E: Die Freude der beiden Jünger über ihre Begegnung mit dem auferstandenen Jesus war riesengroß. Sie beschlossen, diese Freude zu teilen und zurück nach Jerusalem zu gehen. Sie machten sich gleich auf den Weg, mitten in der Nacht. In Jerusalem hatten sich ihre Freunde und Freundinnen in einem Haus eingesperrt. Sie hatten Angst, wie Jesus gefangen genommen zu werden. Doch die beiden Jünger klopften freudig an die Tür. Die Freunde und Freundinnen ließen sie ein. Voll Begeisterung rief Kleopas:

J2: Seid nicht mehr traurig. Jesus lebt! Wir sind ihm begegnet. Er ist wirklich auferstanden!

J1: Gott hat seinem Sohn ein neues Leben geschenkt. Wir müssen hinaus in die Welt gehen und allen Menschen von Jesus erzählen. Los, kommt alle mit!

Segenswunsch

L: Dieser Aufruf geht auch an uns. Wir sollen Jesu Botschaft in die Welt tragen. Am Brotbrechen soll man uns erkennen. Dazu wollen wir jetzt um Gottes Segen bitten:

Gott, dein Segen sei spürbar durch unseren Mund, der aufbauende und tröstende Worte, Worte der Annahme und des Verständnisses spricht. Gott, dein Segen sei spürbar durch unsere Hände, die zärtlich liebkosen und Halt geben. Gott, dein Segen sei spürbar durch unsere Augen, die das Gute im Menschen sehen, die in jedem Menschen den Bruder und die Schwester sehen. Gott, dein Segen sei spürbar durch unsere Ohren, die hinhören auf die Not der Menschen und die einfühlsam Trauer wahrnehmen. Gott, dein Segen sei spürbar durch unsere Füße, die aufstehen zum Leben für alle. Gott, dein Segen sei spürbar durch unser Herz, das für deine Sache schlägt und deshalb für unsere Mitmenschen offen ist. Gott, dein Segen begleite uns, damit wir zum Segen werden für andere. So segne uns der allmächtige Gott, der +Vater, der Sohn und der Heilige Geist.

Verabschiedung

Lied: Hallelu, hallelu

Literaturhinweise

Andere Zeiten e.V. (Hrsg.), Ach!, Das kleine Buch vom großen Staunen, Hamburg [2]2007.

Andere Zeiten e.V. (Hrsg.), Typisch!, Kleine Geschichten für andere Zeiten, Hamburg [8]2005.

Beutl, Petra, Fühl das Rot und sieh das Blau, Freiburg 1998.

Biesinger, Albert/Bendel, Herbert/Biesinger,David/Berger, Barbara: Gott mit neuen Augen sehen, Leitfaden für die Kindertreffen, München 1999.

Bihler, Elsbeth, Symbole des Lebens – Symbole des Glaubens, Bd. 3, Limburg [3]1999.

Bihler, Elsbeth, Symbole des Lebens und des Glaubens – Tiere und Blumen, Limburg 1997.

Brockmann, Norbert, Angedacht 3, Ostfildern 2007.

Fries, Lisa/Werner, Monika: Kleine Atem-Wege, Würzburg 2009.

Gasperi, Klaus/Kleissner, Richard, Namen und Heilige, Innsbruck 2008.

Gottesdienst-Institut der Evang.-Luth. Kirche in Bayern, Erleuchtete Wege, Stille Zeiten im Advent, Nürnberg 2006.

Grom, Bernhard: Religionspsychologie, München [5]2009.

Grün, Anselm, Auf dem Wege, Münsterschwarzach 2008.

Hoffsümmer, Willi (Hg.): 77 Herzfenster. Geschichten, die gut tun, Ostfildern [3]2009.

Holtkotte, Kerstin/Mühl, Stefan/Stinner, Andrea (Hrsg.): Dem Tag ein Gesicht geben, Düsseldorf 2006.

Kaden Kathinka/Bracht Gisela: Lieber Gott..., Kindergebete und Lieder, München 2009.

Klein, Kurt-Rainer, Du bist unser Weg, Herder-Verlag, Freiburg im Breisgau 2009.

Hollekamp, Anna, Gib mir Kraft und Ausdauer , in: Leitschuh, Marcus C./ Terwitte, Paulus/ Vellguth, Klaus (Hg.): Play and Pray, Verlag Butzon & Bercker, Kevelaer [2]2006.

Oettli, Natali, Die Brücke, in: Steinwede, Dietrich/ Ruprecht, Sabine, Vorlesebuch Religion 1, AAP Lehrerfachverlage, Hamburg 2005.

Polster, Martin, Die große Gabriel Kinderbibel. Gabriel-Verlag, Stuttgart/Wien 2012.

Porsch, Hedi/Schraut, Monika/Simon Johannes: Du – Ich bin da, Katholische Landvolkbewegung, Würzburg o.J.

Rosenberger, Michael, Wege, die bewegen, Eine kleine Theologie der Wallfahrt, Würzburg [2]2008.

Schnitzler-Forster, Jutta,… und plötzlich riecht´s nach Himmel. Religiöse Erlebnisräume auf Freizeiten und in Gruppen, Ostfildern 1995.

Schwarz, Andrea: Bunter Faden Leben, Herder-Verlag, Freiburg im Breisgau 2010.

Schwarz, Andrea: Du Gott des Weges segne uns, Herder-Verlag, Freiburg im Breisgau 2008.

Rahner; Karl/ Vorgrimler, Herbert, Kleines Konzilskompendium, Freiburg i. Br. [31]2006.

Werner, Günther/Werner, Monika, Atem-Wege, Würzburg 2008.

Internetquellen

www.anderezeiten.de | www.auralight.net | www.familien-feiern-feste.net/ 161d648.html (Stand 14.10.2013) www.frauenseelsorge.de | www.gottesdienstinstitut.org | www.heligenlexikon.de | home.arcor.de/schaefer.sac/rwf/sdc/WALLFAHR.PDF (Stand 22.11.2010) | www.kath-kirche-kaernten.at/themen/detail/C2428/ber_das_pilgern_und_wallfahren/ | www.marburgermedien.de | www.p-spangenberg.de | www.wallfahrtsservice.de/bwo/dcms/sites/bistum/glauben/wallfahrtsportal/wallfahrtsservice/grusswort.html (Stand 22.01.2011) | www.wallfahrtsservice.de/bwo/dcms/sites/bistum/glauben/wallfahrtsportal/wallfahrtsservice/nachgefragt/faq_juli_august09.html (Stand 18.10.2013) | www.versacrum.de | www.wikipedia.de

Nachweis der im Buch aufgeführten Bilder und Grafiken

Cover: Mädchen beim Wandern, Foto: Birgit Seufert, Factum/Büro für visuelle Kommunikation | S. 21: Kinder gehen ihren Weg, Foto: Birgit Seufert, Factum/ Büro für visuelle Kommunikation | S. 59: Sieger Köder, Sintflut. | S. 87: Steine, Foto: Angelika Eirich/ Ebelsbach | S. 107, 109, 112, 115: Tuschezeichnungen von Irene Dilling © Communität Casteller Ring, Rödelsee | S. 117: Steinkreuz, Foto: Angelika Eirich/Ebelsbach | S. 149: Schatten eines Pilgers, © CC-0 (gemeinfrei) Quelle: pixabay.com